한자능력 검정시험

기출·예상문제집

한국어문회가 직접 발간한 문제집

7급

머리말

우리의 글은 70% 이상이 한자로 이루어져 있다. 비록 우리말이 소리로 표시되다고 하더라도, 결국 그 표시의 근본이 한자였기 때문에 한글이 만들어지기 전까지는 우리의 모든 역사와 생활이 한자로 기록되었고, 한글 창제이후에도 대부분의 기록은 한자로 이루어졌다.
따라서 우리의 학문, 역사, 민속 등 모든 문화유산은 한자를 모르고는 정확히 이해할 수 없으며, 무엇보다 지금 당장의 생활과 공부를 위해서도 한자가 필요한 것이다.

그 동안 어문교육에 대한 이견으로 한자 교육의 방향성이 중심을 잡지 못하고 표류하였으나 아무리 한글전용이 기본이고 어려운 한자어를 우리말로 바꾸는 작업을 꾸준히 한다 하더라도 눈앞에 문장을 이해하지 못하고 어쩔 수 없이 사교육의 영역에서 한자를 공부하는 현실을 부인할 수 없는 것이다. 공교육의 영역에서 충실한 한자교육이 이루어지지 못하는 지금의 상황에서는 한자학습의 주요한 동기부여수단의 하나인 동시에 학습결과도 확인해볼 수 있는 한자능력검정시험의 역할이 더욱 중요하기 때문에, 우선적으로 시험을 위한 문제집으로서 이 책을 출간하게 되었다. 한자공부가 어렵게만 느껴지는 분들에게 이 책이 충분히 도움이 될 것으로 믿으며, 한자학습을 지도하는 부모님들이나 선생님들의 부담도 덜어줄 것이라고 감히 추천하는 바이다.

이 책의 구성

- 출제 및 합격기준
- 출제유형분석 – 학습이나 지도의 가이드라인을 제시
- 배정한자 및 사자성어 수록
- 반대자
- 유의자
- 약자
- 예상문제 – 기출문제분석에 의한 배정한자의 문제화
- 실제시험답안지 – 회별로 구성
- 최근 기출문제 8회분 수록
- 배정한자 쓰기 – 100자 수록

이 책이 여러분들의 한자실력향상에 도움이 되기를 바란다.

편저자 씀

한자능력시험 급수별 출제기준

구 분	특급	특급II	1급	2급	3급	3급II	4급	4급II	5급	5급II	6급	6급II	7급	7급II	8급
읽기 배정 한자	5,978	4,918	3,500	2,355	1,817	1,500	1,000	750	500	400	300	225	150	100	50
쓰기 배정 한자	3,500	2,355	2,005	1,817	1,000	750	500	400	300	225	150	50	0	0	0
독 음	45	45	50	45	45	45	32	35	35	35	33	32	32	22	24
한자 쓰기	40	40	40	30	30	30	20	20	20	20	20	10	0	0	0
훈 음	27	27	32	27	27	27	22	22	23	23	22	29	30	30	24
완성형[성어]	10	10	15	10	10	10	5	5	4	4	3	2	2	2	0
반의어	10	10	10	10	10	10	3	3	3	3	3	2	2	2	0
뜻풀이	5	5	10	5	5	5	3	3	3	3	2	2	2	2	0
동음이의어	10	10	10	5	5	5	3	3	3	3	2	0	0	0	0
부 수	10	10	10	5	5	5	3	3	0	0	0	0	0	0	0
동의어	10	10	10	5	5	5	3	3	3	3	2	0	0	0	0
장단음	10	10	10	5	5	5	3	0	0	0	0	0	0	0	0
약 자	3	3	3	3	3	3	3	3	3	3	0	0	0	0	0
필 순	0	0	0	0	0	0	0	0	3	3	3	3	2	2	2
한 문	20	20	0	0	0	0	0	0	0	0	0	0	0	0	0

▶ 상위급수 한자는 모두 하위급수 한자를 포함하고 있습니다.
▶ 쓰기 배정 한자는 한두 급수 아래의 읽기 배정한자이거나 그 범위 내에 있습니다.
▶ 출제유형표는 기본지침자료로서, 출제자의 의도에 따라 차이가 있을 수 있습니다.
▶ 공인급수는 교육과학기술부로부터 국가공인자격 승인을 받은 특급·특급II·1급·2급·3급·3급II이며, 교육급수는 한국한자능력검정회에서 시행하는 민간자격인 4급·4급II·5급·5급II·6급·6급II·7급·7급II·8급입니다.
▶ 5급II·7급II는 신설 급수로 2010년 11월 13일 시험부터 적용됩니다.
▶ 6급II 읽기 배정한자는 2010년 11월 13일 시험부터 300자에서 225자로 조정됩니다.

한자능력검정시험 합격기준

구 분	특급	특급II	1급	2급	3급	3급II	4급	4급II	5급	5급II	6급	6급II	7급	7급II	8급
출제문항수	200	200	200	150	150	150	100	100	100	100	90	80	70	60	50
합격문항수	160	160	160	105	105	105	70	70	70	70	63	56	49	42	35
시험시간	100분	100분	90분	60분	60분	60분	50분	50분	50분	50분	50분	50분	50분	50분	50분

▶ 특급, 특급II, 1급은 출제 문항수의 80% 이상, 2급 ~ 8급은 70% 이상 득점하면 합격입니다.

차 례

7급 예상문제

7급 기출문제

7급 배정한자 쓰기

유형분석(類型分析)

→ 기출문제의 유형들을 분석하여 실제문제에 완벽히 대비할 수 있도록 하였습니다.

　　7級에서는 8級과 달리 한자어의 讀音(독음), 한자의 訓(훈 : 뜻)과 音(음 : 소리), 筆順(필순 : 한자 낱글자의 쓰는 순서) 문제 외에 한자어의 빈칸을 메워 완성하는 문제, 뜻이 반대되는 글자나 단어를 지문에서 찾아내는 문제, 한자어의 뜻을 풀이하는 문제 등이 추가되며, 총 70문제가 출제된다.

　　우선 정해진 배정한자 150자 낱글자의 훈음과 쓰는 순서를 모두 익힌 뒤에 그 글자들이 어울려 만들어내는 한자어의 독음과 뜻도 학습하여야 한다. 그리고 반대자[뜻이 반대인 글자], 반대어[뜻이 반대인 한자어]의 개념도 학습하여야 한다.

　　시험에서 중요한 사항은 우선 출제자가 요구하는 답이 무엇인지 질문을 통해 확인하여야 한다. 기출문제를 풀어보면 알 수 있지만 대개 질문은 회차에 무관하게 각 급수별로 일정한 유형으로 정해져 있다. 따라서 기출문제를 통하여 질문에 익숙해져야 한다.

❶ 讀音(독음) 문제는 대개 지문과 함께 한자어가 제시된다.

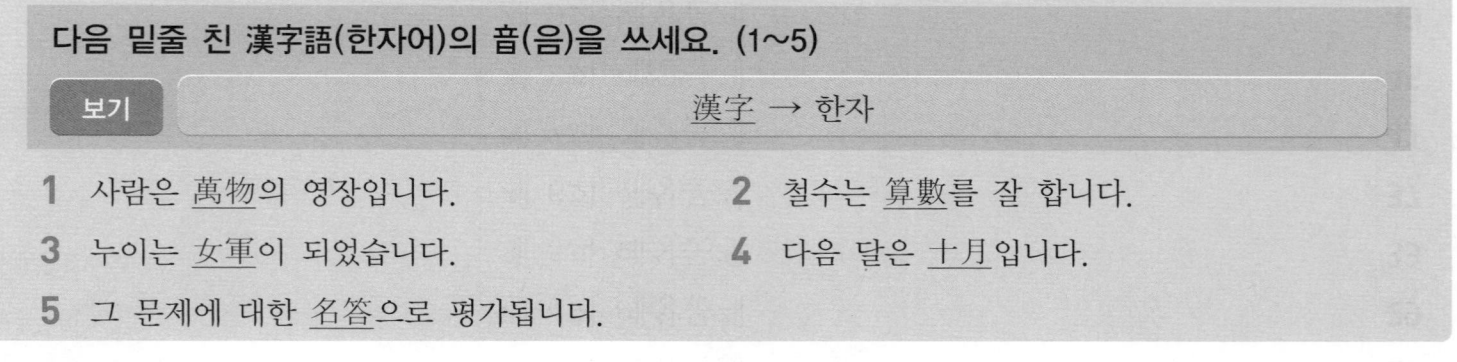

> **다음 밑줄 친 漢字語(한자어)의 音(음)을 쓰세요. (1~5)**
>
> | 보기 | 漢字 → 한자 |
> | --- | --- |
>
> **1** 사람은 <u>萬物</u>의 영장입니다.　　　　**2** 철수는 <u>算數</u>를 잘 합니다.
>
> **3** 누이는 <u>女軍</u>이 되었습니다.　　　　**4** 다음 달은 <u>十月</u>입니다.
>
> **5** 그 문제에 대한 <u>名答</u>으로 평가됩니다.

유 형 해 설

기본적으로 한자 낱글자의 소리를 알고 있으면 답할 수 있다. 다만 8급에서와 마찬가지로 두음법칙이나 속음 등에 주의하면 된다. 여기의 **3** 女軍과 **4** 十月의 답은 '여군', '시월'로 하여야 하고 '녀군', '십월'로 하면 안 된다.

❷ 한자의 訓(훈 : 뜻)과 音(음 : 소리) 문제는 대개 다음과 같다.

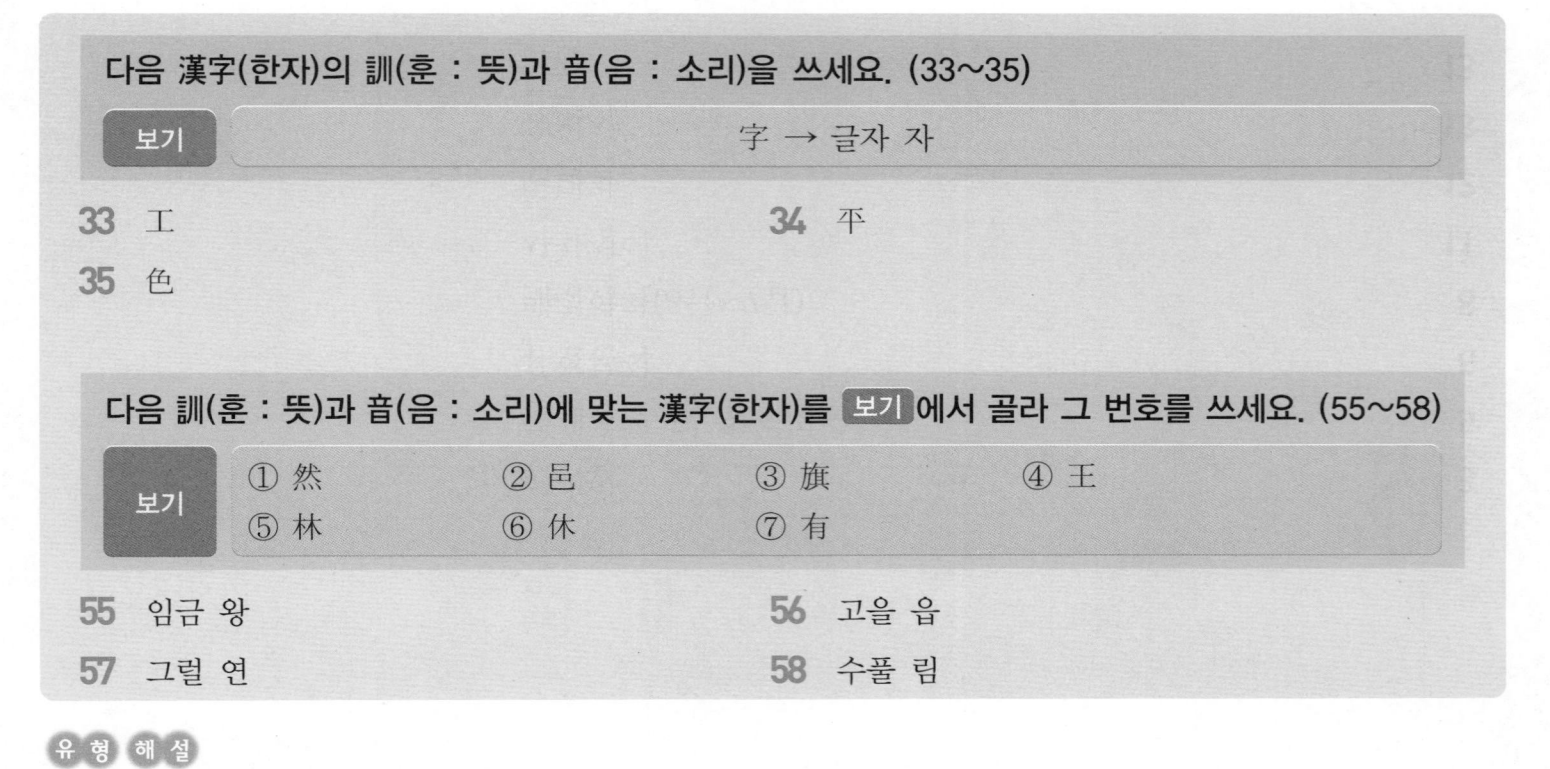

> **다음 漢字(한자)의 訓(훈 : 뜻)과 音(음 : 소리)을 쓰세요. (33~35)**
>
> | 보기 | 字 → 글자 자 |
> | --- | --- |
>
> **33** 工　　　　　　　　　　　　**34** 平
>
> **35** 色

> **다음 訓(훈 : 뜻)과 音(음 : 소리)에 맞는 漢字(한자)를 보기에서 골라 그 번호를 쓰세요. (55~58)**
>
> | 보기 | ① 然　　② 邑　　③ 旗　　④ 王 |
> | --- | --- |
> | | ⑤ 林　　⑥ 休　　⑦ 有 |
>
> **55** 임금 왕　　　　　　　　　　**56** 고을 읍
>
> **57** 그럴 연　　　　　　　　　　**58** 수풀 림

유 형 해 설

위의 訓(훈 : 뜻)과 音(음 : 소리) 문제는 한자 낱글자의 뜻과 소리를 알고 있으면 풀 수 있는 문제들이다.

3 한자의 筆順(필순 : 한자 낱글자의 쓰는 순서) 문제는 8급과 마찬가지로 한자 낱글자의 쓰는 순서를 알고 있으면 풀 수 있다.

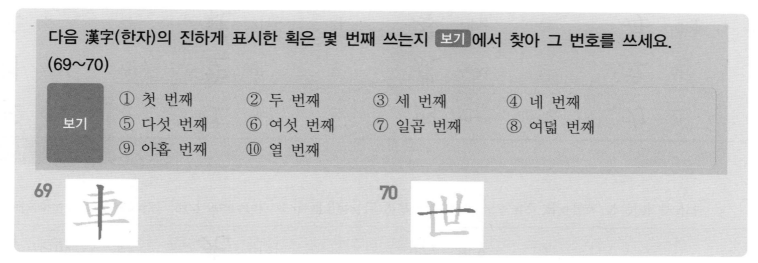

유형해설

위의 문제처럼 대개 특정 획을 지정하여 몇 번째 쓰는 획인지를 물어보므로 한자 낱글자의 쓰는 순서를 평소에 익혀둔 다면 무리 없이 답할 수 있다. 참고로 획수와 번호는 서로 일치되게 하였으므로 번호를 고를 때는 해당 획수와 일치하는 번호를 고르면 된다. 예로 다섯 번째 획이면 ⑤번을 고르면 된다.

4 한자어의 뜻풀이 문제는 대개 다음과 같다.

유형해설

뜻풀이 문제는 배정한자 범위 내에 있는 자주 쓰이는 한자어들을 익혀 두어야 한다. 대개 한자의 훈음으로 한자어의 뜻을 알 수 있지만 순우리말과 풀이 순서가 다르므로 한자어의 구조에 대하여도 기본적인 것은 학습하여 두어야 한다. 예로 植木은 보통 '심을 식, 나무 목'으로 익혀 植木을 '심는 나무' 등으로 풀이하기 쉬운데, 의미가 달라지므로 뒤에서부터 풀이하여 '나무를 심는 다.'라는 뜻이 드러나도록 표현하여야 한다.

5 상대어(반대어) 문제는 대개 상대(반대)되는 뜻을 지닌 한자를 찾아내는 형태이다.

유형해설

평소에 상대(반대)의 개념과 상대(반대)자를 학습해 두어야만 풀 수 있다. 반대자는 대개 결합되어 한자어를 만드는 것들이 주로 출제된다. 위의 上下나 春秋는 그대로 반대되는 뜻을 지닌 채 결합한 한자어들인 것이다. 따라서 한자어를 학습할 때 이런 점에 관심을 두고 이런 한자어들을 따로 추려 공부해 두면 문제를 쉽게 풀 수 있다.

상대(반대)는 완전히 다른 것은 아니다. 비교의 기준으로서 같은 점이 있어야 하고 하나 이상은 달라야 반대가 되는 것이다. 上下를 예로 들면 둘 다 방향을 나타낸다는 점에서는 같으나 하나는 위쪽을 하나는 아래쪽을 나타낸다는 점에서 반대가 되는 것이다. 春夏를 예로 든다면 반대가 되지 않는다. 계절을 나타내는 점에서는 같으나 반대가 되는 것이 없기 때문이다. 봄이 아니라고 하여 반드시 여름인 것은 아니고 가을, 겨울도 있으므로 여름만이 봄의 반대가 될 수는 없다. 春秋는 다르다. 계절을 나타내는 점에서는 같으나 하나는 씨를 뿌리는 계절, 하나는 열매를 거두는 계절로 대비되는 점에서 반대가 될 수 있는 것이다.

배정한자(配定漢字)

8급~7급(150자)

한자음 뒤에 나오는 ":"는 장음 표시입니다. "(:)"는 장단음 모두 사용되는 한자이며, ":"나 "(:)"이 없는 한자는 단음으로만 쓰입니다.

8급 배정한자(50자)

教	가르칠	교:	母	어미	모:	小	작을	소:	中	가운데	중
校	학교	교:	木	나무	목	水	물	수	靑	푸를	청
九	아홉	구	門	문	문	室	집	실	寸	마디	촌:
國	나라	국	民	백성	민	十	열	십	七	일곱	칠
軍	군사	군	白	흰	백	五	다섯	오:	土	흙	토
金	쇠	금	父	아비	부	王	임금	왕	八	여덟	팔
	성(姓)	김	北	북녘	북	外	바깥	외:	學	배울	학
南	남녘	남		달아날	배:	月	달	월	韓	한국	한(:)
女	계집	녀	四	넉	사:	二	두	이:		나라	한(:)
年	해	년	山	메	산	人	사람	인	兄	형	형
大	큰	대(:)	三	석	삼	一	한	일	火	불	화(:)
東	동녘	동	生	날	생	日	날	일			
六	여섯	륙	西	서녘	서	長	긴	장(:)			
萬	일만	만:	先	먼저	선	弟	아우	제:			

☑ 8급 배정한자는 모두 50자로, 읽기 50자이며, 쓰기 배정한자는 없습니다. 가장 기초적인 한자들로 꼭 익혀 둡시다.

7급 Ⅱ 배정한자(50자)

家	집	가	工	장인	공	內	안	내:	力	힘	력
間	사이	간(:)	空	빌	공	農	농사	농	立	설	립
江	강	강	氣	기운	기	答	대답	답	每	매양	매(:)
車	수레	거	記	기록할	기	道	길	도:	名	이름	명
	수레	차	男	사내	남	動	움직일	동:	物	물건	물

方	모(稜)	방	食	밥	식	全	온전	전	漢	한수	한:
不	아닐	불		먹을	식	前	앞	전		한나라	한:
事	일	사:	安	편안	안	電	번개	전:	海	바다	해:
上	윗	상:	午	낮	오:	正	바를	정(:)	話	말씀	화
姓	성	성:	右	오를	우:	足	발	족	活	살	활
世	인간	세:		오른(쪽)	우:	左	왼	좌:	孝	효도	효:
手	손	수(:)	子	아들	자	直	곧을	직	後	뒤	후:
市	저자	시:	自	스스로	자	平	평평할	평			
時	때	시	場	마당	장	下	아래	하:			

☑ 7급Ⅱ 배정한자는 모두 100자로, 8급 배정한자(50자)를 제외한 50자만을 담았습니다. 8급과 마찬가지로 쓰기 배정한자는 없습니다.

7급 배정한자(50자)

歌	노래	가	面	낯	면:	植	심을	식	住	살	주:
口	입	구(:)	命	목숨	명:	心	마음	심	重	무거울	중:
旗	기	기	問	물을	문:	語	말씀	어:	地	따	지
冬	겨울	동(:)	文	글월	문	然	그럴	연	紙	종이	지
同	한가지	동	百	일백	백	有	있을	유:	千	일천	천
洞	골	동:	夫	지아비	부	育	기를	육	天	하늘	천
	밝을	통:	算	셈	산:	邑	고을	읍	川	내	천
登	오를	등	色	빛	색	入	들	입	草	풀	초
來	올	래(:)	夕	저녁	석	字	글자	자	村	마을	촌:
老	늙을	로:	少	적을	소:	祖	할아비	조	秋	가을	추
里	마을	리:	所	바	소:	主	임금	주	春	봄	춘
林	수풀	림	數	셈	수:		주인	주	出	날(生)	출

便	편할	편(:)	夏	여름	하:	休	쉴	휴	
	똥오줌	변	花	꽃	화				

☑ 7급 배정한자는 모두 150자로, 7급Ⅱ 배정한자(100자)를 제외한 50자만을 담았습니다. 8급, 7급Ⅱ와 마찬가지로 쓰기 배정한자는 없습니다.

사자성어(四字成語)

8급 사자성어

國民年金
나라 국 백성 민 해 년 쇠 금
일정 기간 또는 죽을 때까지 해마다 지급되는 일정액의 돈 (국민연금)

父母兄弟
아비 부 어미 모 형 형 아우 제
아버지·어머니·형·아우라는 뜻으로, 가족을 이르는 말

生年月日
날 생 해 년 달 월 날 일
태어난 해와 달과 날

大韓民國
큰 대 나라 한 백성 민 나라 국
우리나라의 국호(나라이름)

三三五五
석 삼 석 삼 다섯 오 다섯 오
서너 사람 또는 대여섯 사람이 떼를 지어 다니거나 무슨 일을 함

十中八九
열 십 가운데 중 여덟 팔 아홉 구
열 가운데 여덟이나 아홉 정도로 거의 대부분이거나 거의 틀림 없음

東西南北
동녘 동 서녘 서 남녘 남 북녘 북
동쪽·서쪽·남쪽·북쪽이라는 뜻으로, 모든 방향을 이르는 말

7급 II 사자성어

南男北女
남녘 남 사내 남 북녘 북 계집 녀
우리나라에서, 남자는 남쪽 지방 사람이 잘나고 여자는 북쪽 지방 사람이 고움을 이르는 말

上下左右
윗 상 아래 하 왼 좌 오른 우
위·아래·왼쪽·오른쪽을 이르는 말로, 모든 방향을 이름

土木工事
흙 토 나무 목 장인 공 일 사
땅과 하천 따위를 고쳐 만드는 공사

四方八方
넉 사 모 방 여덟 팔 모 방
여기저기 모든 방향이나 방면

世上萬事
인간 세 윗 상 일만 만 일 사
세상에서 일어나는 온갖 일

八道江山
여덟 팔 길 도 강 강 메 산
팔도의 강산이라는 뜻으로, 우리나라 전체의 강산을 이르는 말

四海兄弟
넉 사 바다 해 형 형 아우 제
온 세상 사람이 모두 형제와 같다는 뜻으로, 친밀함을 이르는 말

人山人海
사람 인 메 산 사람 인 바다 해
사람이 수없이 많이 모인 상태를 이르는 말

7급 사자성어

男女老少
사내 남 계집 녀 늙을 로 적을 소
남자와 여자, 나이 든 사람과 젊은 사람이란 뜻으로 모든 사람을 이르는 말 (남녀노소)

百萬大軍
일백 백 일만 만 큰 대 군사 군
아주 많은 병사로 조직된 군대를 이르는 말

月下老人
달 월 아래 하 늙을 로 사람 인
부부의 인연을 맺어 준다는 전설상의 노인 (월하노인)

男中一色
사내 남 가운데 중 한 일 빛 색
남자의 얼굴이 썩 뛰어나게 잘 생김

不老長生
아닐 불 늙을 로 긴 장 날 생
늙지 아니하고 오래 삶

二八靑春
두 이 여덟 팔 푸를 청 봄 춘
16세 무렵의 꽃다운 청춘

東問西答
동녘 동 물을 문 서녘 서 대답 답
물음과는 전혀 상관없는 엉뚱한 대답

不立文字
아닐 불 설 립 글월 문 글자 자
불도의 깨달음은 마음에서 마음으로 전하는 것이므로 말이나 글에 의지하지 않는다는 말

一問一答
한 일 물을 문 한 일 대답 답
한 번 물음에 한 번 대답함

萬里長天
일만 만 마을 리 긴 장 하늘 천
아득히 높고 먼 하늘

山川草木
메 산 내 천 풀 초 나무 목
산과 내와 풀과 나무, 곧 자연을 이르는 말

一日三秋
한 일 날 일 석 삼 가을 추
하루가 삼 년 같다는 뜻으로, 몹시 애태우며 기다림을 이르는 말

名山大川
이름 명 메 산 큰 대 내 천
이름난 산과 큰 내

安心立命
편안 안 마음 심 설 립 목숨 명
하찮은 일에 흔들리지 않는 경지 (안심입명)

自問自答
스스로 자 물을 문 스스로 자 대답 답
스스로 묻고 스스로 대답함

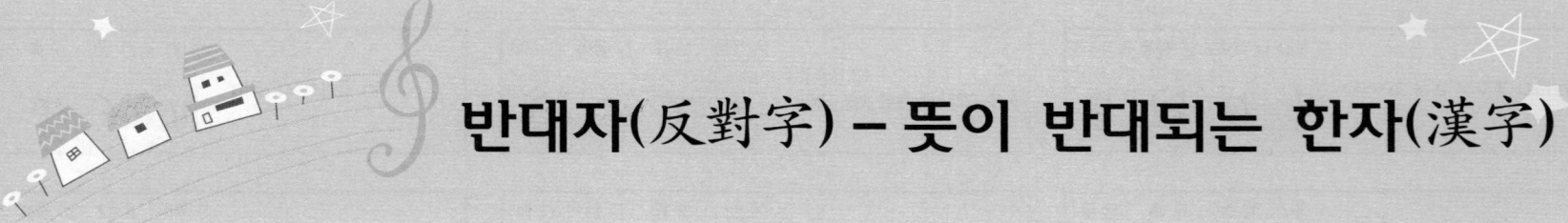

반대자(反對字) – 뜻이 반대되는 한자(漢字)

江(강) 7급Ⅱ	↔	山(산) 8급	父(부) 8급	↔	子(자) 7급Ⅱ	前(전) 7급Ⅱ	↔	後(후) 7급Ⅱ
教(교) 8급	↔	學(학) 8급	北(북) 8급	↔	南(남) 8급	弟(제) 8급	↔	兄(형) 8급
男(남) 7급Ⅱ	↔	女(녀) 8급	山(산) 8급	↔	海(해) 7급Ⅱ	左(좌) 7급Ⅱ	↔	右(우) 7급Ⅱ
南(남) 8급	↔	北(북) 8급	上(상) 7급Ⅱ	↔	下(하) 7급Ⅱ	中(중) 8급	↔	外(외) 8급
內(내) 7급Ⅱ	↔	外(외) 8급	先(선) 8급	↔	後(후) 7급Ⅱ	天(천) 7급	↔	地(지) 7급
老(노) 7급	↔	少(소) 7급	手(수) 7급Ⅱ	↔	足(족) 7급Ⅱ	春(춘) 7급	↔	秋(추) 7급
大(대) 8급	↔	小(소) 8급	水(수) 8급	↔	火(화) 8급	出(출) 7급	↔	入(입) 7급
東(동) 8급	↔	西(서) 8급	右(우) 7급Ⅱ	↔	左(좌) 7급Ⅱ	夏(하) 7급	↔	冬(동) 7급
冬(동) 7급	↔	夏(하) 7급	月(월) 8급	↔	日(일) 8급	海(해) 7급Ⅱ	↔	空(공) 7급Ⅱ
母(모) 8급	↔	子(자) 7급Ⅱ	日(일) 8급	↔	月(월) 8급	兄(형) 8급	↔	弟(제) 8급
問(문) 7급	↔	答(답) 7급Ⅱ	入(입) 7급	↔	出(출) 7급	後(후) 7급Ⅱ	↔	先(선) 8급
物(물) 7급Ⅱ	↔	心(심) 7급	子(자) 7급Ⅱ	↔	女(녀) 8급			
父(부) 8급	↔	母(모) 8급	子(자) 7급Ⅱ	↔	母(모) 8급			

유의자(類義字) – 뜻이 비슷한 한자(漢字)

家(가) 7급II	_	室(실) 8급	生(생) 8급	_	活(활) 7급II	村(촌) 7급	_	里(리) 7급
洞(동) 7급	_	里(리) 7급	室(실) 8급	_	家(가) 7급II	出(출) 7급	_	生(생) 8급
同(동) 7급	_	一(일) 8급	安(안) 7급II	_	全(전) 7급II	土(토) 8급	_	地(지) 7급
方(방) 7급II	_	道(도) 7급II	安(안) 7급II	_	平(평) 7급II	便(편) 7급	_	安(안) 7급II
方(방) 7급II	_	正(정) 7급II	一(일) 8급	_	同(동) 7급	平(평) 7급II	_	安(안) 7급II
算(산) 7급	_	數(수) 7급	正(정) 7급II	_	方(방) 7급II			
生(생) 8급	_	出(출) 7급	正(정) 7급II	_	直(직) 7급II			

약자(略字)

國 나라 국	_	国 8급	來 올 래(:)	_	来 7급	數 셈 수:	_	数 7급
氣 기운 기	_	気 7급II	萬 일만 만:	_	万 8급	學 배울 학	_	学 8급

한자능력검정시험

7급 예상문제 (1~9회)

- 예상문제(1~9회)
- 정답(53p~55p)

➜ 본 예상문제는 수험생들의 기억에 의하여 재생된 기출문제를 토대로 분석하고 연구하여 만든 문제입니다.

01 다음 밑줄 친 漢字語의 音(음:소리)을 쓰세요. (1~32)

보기 　　　　　漢字 → 한자

1 이 시대에도 <u>孝道</u>가 국가 경쟁력을 높이는 데 기여할 수 있다. [　　]

2 <u>花林</u> 속에서 노닐다 보니 시간 가는 줄 모르겠구나. [　　]

3 이 일이 꼭 성사되도록 <u>全力</u>을 다하겠습니다. [　　]

4 요즘 <u>家父長</u>의 권위가 떨어지고 있다. [　　]

5 부자지간은 <u>寸數</u>가 어떻게 되는지 아니? [　　]

6 어렸을 때부터 <u>日記</u>를 쓰던 습성이 나를 작가로 만들어 준 것 같다. [　　]

7 이 꽃은 <u>室內</u>에서만 키워야 합니다. [　　]

8 <u>海水</u>를 마실 수 있는 물로 만드는 기술이 개발되고 있다. [　　]

9 사소한 물건이라도 <u>所有</u> 관계를 분명히 해 두어야 나중에 일이 안 생긴다. [　　]

10 벌써 <u>立冬</u>인데 올해는 날이 푹한 편이다. [　　]

11 할아버지의 <u>心氣</u>를 불편하게 해 드리면 안 된다. [　　]

12 같이 팔짱을 끼고 장을 보는 <u>母女</u>의 모습이 아름다워 보인다. [　　]

13 울릉도의 <u>名物</u>은 무엇입니까? [　　]

14 글을 쓸 때는 <u>文語</u>와 구어를 구분해서 써야 한다. [　　]

15 네가 그럴 줄 알고 내가 먼저 <u>先手</u>를 친 거야. [　　]

16 예전에 우리나라는 <u>東方</u>의 예의지국으로 불리었다. [　　]

17 홍수 피해를 입은 <u>北韓</u> 주민을 돕기 위한 모금 운동이 펼쳐졌다. [　　]

18 이 넓은 <u>空間</u>을 어떤 가구로 채울 것인가가 문제이다. [　　]

19 <u>國土</u>를 지키는 것은 군인의 기본 의무이다. [　　]

20 <u>午時</u>는 낮 열한 시부터 한 시까지를 가리킨다. [　　]

21 그들은 <u>兄弟</u> 사이의 우애가 깊다. [　　]

22 우리나라의 <u>山川</u>은 보면 볼수록 아름답다. [　　]

23 여러분 공부에 힘을 쏟되 <u>靑春</u>의 시기를 최대한 즐기십시오. [　　]

24 우리학교 선배들은 <u>校旗</u>를 앞세우고 거리를 행진했다. [　　]

25 관객들께서는 영화 상영 10분 전에 <u>入場</u>해 주시기 바랍니다. [　　]

26 하는 일에 <u>不平</u>이 있더라도 참고 해 보거라. [　　]

27 다음 문제의 <u>正答</u>을 찾아보아라. [　　]

28 <u>千金</u>을 준다 해도 정의를 향한 마음을 바꿀 순 없다. [　　]

29 <u>少年</u>은 아무 말 없이 여자애 뒤만 따라갔다. [　　]

30 그는 모두 자신이 저지른 일이라고 <u>自白</u>했다. [　　]

31 길을 건널 때는 <u>左右</u>를 잘 살펴야 한다. [　　]

32 <u>九萬里</u> 머나먼 길을 떠나는 나그네의 길. [　　]

02 다음 漢字의 訓(훈:뜻)과 흡(음:소리)을 쓰세요. (33~52)

보기	字 → 글자 자

33 安 [   ]   34 南 [   ]

35 夫 [   ]   36 重 [   ]

37 學 [   ]   38 登 [   ]

39 紙 [   ]   40 歌 [   ]

41 姓 [   ]   42 老 [   ]

43 活 [   ]   44 草 [   ]

45 敎 [   ]   46 祖 [   ]

47 面 [   ]   48 住 [   ]

49 然 [   ]   50 電 [   ]

51 植 [   ]   52 市 [   ]

03 다음 漢字語의 뜻을 우리말로 쓰세요. (53~54)

53 大門   [   ]
54 命中   [   ]

04 다음 訓(훈:뜻)과 흡(음:소리)에 맞는 漢字를 〈보기〉에서 골라 그 번호를 쓰세요. (55~64)

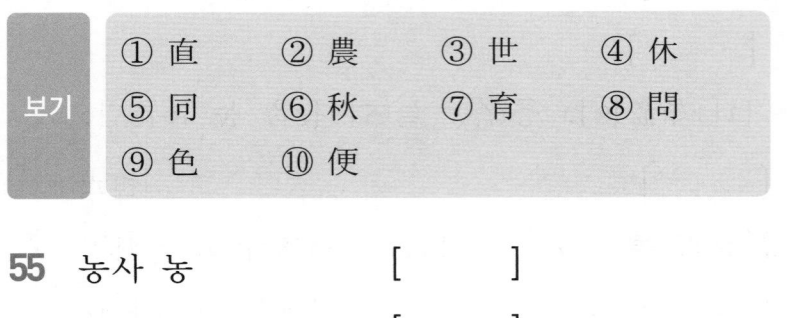

보기	① 直 ② 農 ③ 世 ④ 休
	⑤ 同 ⑥ 秋 ⑦ 育 ⑧ 問
	⑨ 色 ⑩ 便

55 농사 농   [   ]
56 물을 문   [   ]
57 기를 육   [   ]
58 한가지 동   [   ]
59 빛 색   [   ]
60 편할 편   [   ]
61 인간 세   [   ]
62 쉴 휴   [   ]
63 가을 추   [   ]
64 곧을 직   [   ]

05 다음 漢字의 상대 또는 반대되는 漢字를 〈보기〉에서 골라 그 번호를 쓰세요. (65~66)

보기	① 後 ② 外 ③ 地 ④ 每

65 前 ↔ (   )   66 天 ↔ (   )

06 다음 밑줄 친 단어의 漢字語를 〈보기〉에서 골라 그 번호를 쓰세요. (67~68)

보기	① 西村 ② 生食 ③ 邑民 ④ 出動

67 여름에 생식은 위생건강에 좋지 않다.
[   ]

68 불이 났다는 연락이 오자 소방대원은 즉시 출동했다.
[   ]

07 다음 漢字의 진하게 표시한 획은 몇 번째 쓰는지 〈보기〉에서 찾아 그 번호를 쓰세요. (69~70)

보기	① 첫 번째	② 두 번째
	③ 세 번째	④ 네 번째
	⑤ 다섯 번째	⑥ 여섯 번째
	⑦ 일곱 번째	⑧ 여덟 번째
	⑨ 아홉 번째	⑩ 열 번째

69

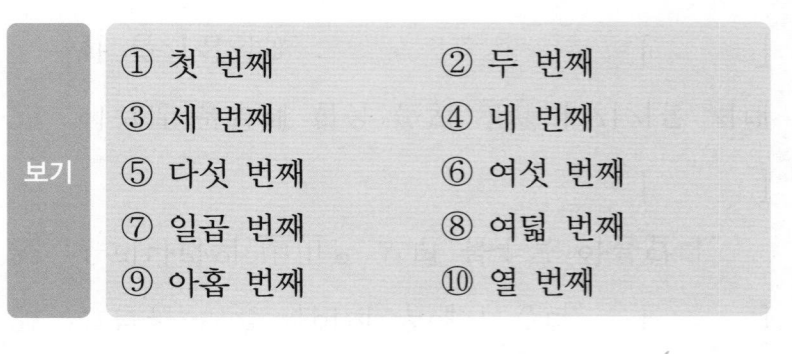

[   ]

70

[   ]

수험번호 □□□-□□-□□□□　　　**성명** □□□□□

생년월일 □□□□□□

※ 유성 싸인펜, 붉은색 필기구 사용 불가.

※ 답안지는 컴퓨터로 처리되므로 구기거나 더럽히지 마시고, 정답 칸 안에만 쓰십시오. 글씨가 채점란으로 들어오면 오답처리가 됩니다.

제　　회 전국한자능력검정시험 7급 답안지(1)　（시험시간 50분）

번호	정답	1검	2검	번호	정답	1검	2검	번호	정답	1검	2검
1				12				23			
2				13				24			
3				14				25			
4				15				26			
5				16				27			
6				17				28			
7				18				29			
8				19				30			
9				20				31			
10				21				32			
11				22				33			

감독위원	채점위원(1)	채점위원(2)	채점위원(3)
(서명)	(득점) (서명)	(득점) (서명)	(득점) (서명)

※ 뒷면으로 이어짐

※ 답안지는 컴퓨터로 처리되므로 구기거나 더럽히지 마시고, 정답 칸 안에만 쓰십시오. 글씨가 채점란으로 들어오면 오답처리가 됩니다.

제   회 전국한자능력검정시험 7급 답안지(2)

번호	정답	1검	2검	번호	정답	1검	2검	번호	정답	1검	2검
34				47				60			
35				48				61			
36				49				62			
37				50				63			
38				51				64			
39				52				65			
40				53				66			
41				54				67			
42				55				68			
43				56				69			
44				57				70			
45				58							
46				59							

(답안란 / 채점란)

제2회

(社) 한국어문회 주관·한국한자능력검정회 시행

한자능력검정시험 7급 예상문제

문 항 수 : 70문항
합격문항 : 49문항
제한시간 : 50분

01 다음 밑줄 친 漢字語의 音(음:소리)을 쓰세요. (1~32)

보기	漢字 → 한자

1 正午는 낮 열두 시를 말한다. [　　]

2 새하얀 눈이 온 天地를 뒤덮었다. [　　]

3 저기 人力車를 끌고 가는 사람을 도와줍시다.
[　　]

4 내 소원은 우리나라 山川을 다 밟아보는 것이다.
[　　]

5 형제는 寸數가 어떻게 되나요? [　　]

6 눈이 오자 世上이 온통 하얗게 변했다. [　　]

7 비가 오므로 조회는 室內에서 하겠습니다.
[　　]

8 海外 여행이라니 생각만 해도 설레인다.
[　　]

9 물놀이할 때는 安全사고에 유의해야 한다.
[　　]

10 아버지는 앞마당에 花草나 가꾸면서 소박하게
살고자 하신다. [　　]

11 그녀는 나를 안 볼 心算인지 학교에 나오지 않
았다. [　　]

12 옆집의 母子는 연인처럼 다정하게 팔짱을 끼
고 다닌다. [　　]

13 올림픽에서 금메달을 못 딴 것이 千秋의 한이
되었다. [　　]

14 춤이 歌手의 필수조건인 시대가 되었다.
[　　]

15 친구와 함께 가는 登校길이 마냥 즐겁다.
[　　]

16 러시아는 예전부터 南下 정책을 펴 왔다.
[　　]

17 北韓에서 온 사람들을 새터민이라 부르고 있다.
[　　]

18 천연가스 버스 도입으로 서울의 空氣가 많이
깨끗해졌다. [　　]

19 법 앞에서는 萬民이 평등하다. [　　]

20 植物도 음악을 들려주면 더 잘 자란다. [　　]

21 자신의 姓名을 한자로 못 쓰는 학생들이 늘고
있다. [　　]

22 아버지가 돌아가시고 맏아들이 家長의 역할을
잘 하고 있다. [　　]

23 젊어서 공부를 안 하면 힘든 老年을 보낼 수
있다. [　　]

24 전시회를 市立미술관에서 열었다. [　　]

25 선생님께서 해 주신 말씀 所重하게 간직하겠
습니다. [　　]

26 정성이 不足하면 일을 이룰 수 없다. [　　]

27 너희 祖父님은 살아 계시냐? [　　]

28 나는 中食을 가볍게 국수로 하는 것을 좋아한다.
[　　]

29 少女는 아무 말 없이 아버지 뒤만 따라갔다.
[　　]

30 한국은 三面이 바다로 둘러싸여 있는 반도 국
가이다. [　　]

31 초등학교 운동회 때 청군과 白軍으로 나누어
경기를 했다. [　　]

32 自然을 잘 가꿔 후대에 잘 물려줍시다. [　　]

02 다음 漢字의 訓(훈:뜻)과 音(음:소리)을 쓰세요.
(33~52)

보기	字 → 글자 자

33 國 [　　]　　34 東 [　　]

35 夫 [　　]　　36 場 [　　]

37 間 [　　]　　38 先 [　　]

39 電 [　　]　　40 文 [　　]

41 弟 [　　　] **42** 靑 [　　　]

43 邑 [　　　] **44** 春 [　　　]

45 敎 [　　　] **46** 旗 [　　　]

47 平 [　　　] **48** 話 [　　　]

49 左 [　　　] **50** 紙 [　　　]

51 育 [　　　] **52** 答 [　　　]

03 다음 漢字語의 뜻을 우리말로 쓰세요. (53~54)

53 後門 [　　　　　　　]

54 洞里 [　　　　　　　]

04 다음 訓(훈:뜻)과 흡(음:소리)에 맞는 漢字를 〈보기〉에서 골라 그 번호를 쓰세요. (55~64)

보기	① 記	② 農	③ 直	④ 休
	⑤ 同	⑥ 命	⑦ 住	⑧ 孝
	⑨ 色	⑩ 便		

55 농사 농 [　　　]

56 효도 효 [　　　]

57 살 주 [　　　]

58 곧을 직 [　　　]

59 빛 색 [　　　]

60 편할 편 [　　　]

61 기록할 기 [　　　]

62 쉴 휴 [　　　]

63 목숨 명 [　　　]

64 한가지 동 [　　　]

05 다음 漢字의 상대 또는 반대되는 漢字를 〈보기〉에서 골라 그 번호를 쓰세요. (65~66)

보기	① 大	② 水	③ 江	④ 七

65 火 [　　　　　　]

66 小 [　　　　　　]

06 다음 밑줄 친 단어의 漢字語를 〈보기〉에서 골라 그 번호를 쓰세요. (67~68)

보기	① 出入	② 出動	③ 生前	④ 生活

67 사회 생활을 잘 하려면 남에 배려심이 있어야 한다. [　　　]

68 화재 신고가 들어오면 소방대원은 5분 내로 즉시 출동해야 한다. [　　　]

07 다음 漢字의 진하게 표시한 획은 몇 번째 쓰는지 〈보기〉에서 찾아 그 번호를 쓰세요. (69~70)

보기	① 첫 번째	② 두 번째
	③ 세 번째	④ 네 번째
	⑤ 다섯 번째	⑥ 여섯 번째
	⑦ 일곱 번째	⑧ 여덟 번째
	⑨ 아홉 번째	⑩ 열 번째

69 漢 [　　　]

70 每 [　　　]

수험번호 □□□-□□-□□□□   **성명** □□□□□

생년월일 □□□□□□

※ 유성 싸인펜, 붉은색 필기구 사용 불가.

※ 답안지는 컴퓨터로 처리되므로 구기거나 더럽히지 마시고, 정답 칸 안에만 쓰십시오. 글씨가 채점란으로 들어오면 오답처리가 됩니다.

제   회 전국한자능력검정시험 7급 답안지(1)   (시험시간 50분)

번호	정답	1검	2검	번호	정답	1검	2검	번호	정답	1검	2검
1				12				23			
2				13				24			
3				14				25			
4				15				26			
5				16				27			
6				17				28			
7				18				29			
8				19				30			
9				20				31			
10				21				32			
11				22				33			

	감독위원	채점위원(1)		채점위원(2)		채점위원(3)	
	(서명)	(득점)	(서명)	(득점)	(서명)	(득점)	(서명)

※ 뒷면으로 이어짐

※ 답안지는 컴퓨터로 처리되므로 구기거나 더럽히지 마시고, 정답 칸 안에만 쓰십시오. 글씨가 채점란으로 들어오면 오답처리가 됩니다.

제   회 전국한자능력검정시험 7급 답안지(2)

번호	정답	1검	2검	번호	정답	1검	2검	번호	정답	1검	2검
34				47				60			
35				48				61			
36				49				62			
37				50				63			
38				51				64			
39				52				65			
40				53				66			
41				54				67			
42				55				68			
43				56				69			
44				57				70			
45				58							
46				59							

(社) 한국어문회 주관 · 한국한자능력검정회 시행

한자능력검정시험 7급 예상문제

문 항 수 : 70문항
합격문항 : 49문항
제한시간 : 50분

---

01 다음 밑줄 친 漢字語의 音(음:소리)을 쓰세요. (1~32)

보기	漢字 → 한자

1 과수원 옆에는 草家집 한 채가 서 있습니다.
[   ]

2 새가 空中을 마음껏 날아다닙니다. [   ]

3 군인들이 軍歌를 부르며 걸어갑니다. [   ]

4 그는 時間 날 때마다 책을 읽습니다. [   ]

5 팔도江山을 유람합니다. [   ]

6 가내 手工업이 공장화되었습니다. [   ]

7 학생들이 경기장으로 校旗를 들고 입장합니다.
[   ]

8 토요일에 國立 박물관을 관람합니다. [   ]

9 엄마는 놀란 氣色이 역력했습니다. [   ]

10 막내 동생 日記에는 온통 낙서뿐입니다.
[   ]

11 男子 친구에게서 생일 선물을 받았습니다.
[   ]

12 태풍이 南海안을 강타하고 지나갔습니다.
[   ]

13 내일 道內의 모든 학교가 방학을 합니다.
[   ]

14 그녀는 長女라 행동이 차분합니다. [   ]

15 한 少年이 손수레를 털컹이며 지나갑니다.
[   ]

16 농활을 통하여 학생들은 農民의 고통을 배웁니다.
[   ]

17 학생들이 키우는 植物의 성장과정을 관찰합니다.
[   ]

18 대학 발전 기금 모집에 同門들의 성원이 이어졌습니다. [   ]

19 친구를 배웅하러 洞口 밖까지 나갔습니다.
[   ]

20 새로운 상품이 백화점에 登場하였습니다.
[   ]

21 그는 입원한 老母를 정성껏 모셨습니다.
[   ]

22 아버지는 三千里 방방곡곡 돌아다니며 산삼을 캡니다. [   ]

23 너는 萬事를 너무 쉽게 생각해. [   ]

24 어려운 상황을 直面했습니다. [   ]

25 姓名 기입란에 이름을 적으시오. [   ]

26 시나 소설은 독창성이 生命입니다. [   ]

27 우리 집은 祖上 대대로 이 동네에서 살았습니다.
[   ]

28 몸은 늙었지만 마음은 아직 靑春입니다.
[   ]

29 배가 태풍을 피해 항구에 安全하게 정박했습니다. [   ]

30 코피가 흘러 休紙로 코를 막았습니다. [   ]

31 이 의자는 등받이가 딱딱해 앉기가 不便합니다.
[   ]

32 그 도시의 인구는 數百만에 달합니다. [   ]

02 다음 漢字의 訓(훈:뜻)과 音(음:소리)을 쓰세요. (33~52)

보기	字 → 글자 자

33 方 [   ]   **34** 話 [   ]

35 天 [   ]   **36** 先 [   ]

37 電 [   ]   **38** 東 [   ]

39 住 [   ]   **40** 來 [   ]

41 然 [   ]   **42** 有 [   ]

43 下 [   ]   **44** 自 [   ]

45 小 [   ]   **46** 右 [   ]

47 每 [   ]   **48** 邑 [   ]

49 川 [   ]   **50** 孝 [   ]

51 林 [   ]   **52** 王 [   ]

03 다음 밑줄 친 단어의 漢字語를 〈보기〉에서 골라 그 번호를 쓰세요. (53~54)

보기 ① 兄弟   ② 主人   ③ 後食   ④ 所重

53 우리는 시간을 소중히 여겨야 합니다. [   ]

54 오늘 저녁 후식은 수박입니다.   [   ]

04 다음 訓(훈:뜻)과 音(음:소리)에 맞는 漢字를 〈보기〉에서 골라 그 번호를 쓰세요. (55~64)

보기 ① 父   ② 市   ③ 世   ④ 秋
      ⑤ 夕   ⑥ 算   ⑦ 西   ⑧ 夏
      ⑨ 午   ⑩ 育

55 낮 오   [   ]

56 서녘 서   [   ]

57 저녁 석   [   ]

58 인간 세   [   ]

59 아비 부   [   ]

60 기를 육   [   ]

61 셈 산   [   ]

62 가을 추   [   ]

63 여름 하   [   ]

64 저자 시   [   ]

05 다음 漢字의 상대 또는 반대되는 漢字를 〈보기〉에서 골라 그 번호를 쓰세요. (65~66)

보기 ① 敎   ② 外   ③ 村   ④ 問

65 (   ) ↔ 學   **66** (   ) ↔ 答

06 다음 漢字語의 뜻을 쓰세요. (67~68)

67 月出   [   ]

68 平地   [   ]

07 다음 漢字의 진하게 표시한 획은 몇 번째 쓰는지 〈보기〉에서 찾아 그 번호를 쓰세요. (69~70)

보기 ① 첫 번째   ② 두 번째
      ③ 세 번째   ④ 네 번째
      ⑤ 다섯 번째   ⑥ 여섯 번째
      ⑦ 일곱 번째   ⑧ 여덟 번째
      ⑨ 아홉 번째   ⑩ 열 번째

69

室   [   ]

70

車   [   ]

수험번호 ☐☐☐-☐☐-☐☐☐☐   **성명** ☐☐☐☐☐

생년월일 ☐☐☐☐☐☐   ※ 유성 싸인펜, 붉은색 필기구 사용 불가.

※ 답안지는 컴퓨터로 처리되므로 구기거나 더럽히지 마시고, 정답 칸 안에만 쓰십시오. 글씨가 채점란으로 들어오면 오답처리가 됩니다.

제   회 전국한자능력검정시험 7급 답안지(1)   (시험시간 50분)

번호	정답	1검	2검	번호	정답	1검	2검	번호	정답	1검	2검
1				12				23			
2				13				24			
3				14				25			
4				15				26			
5				16				27			
6				17				28			
7				18				29			
8				19				30			
9				20				31			
10				21				32			
11				22				33			

	감독위원	채점위원(1)		채점위원(2)		채점위원(3)	
	(서명)	(득점)	(서명)	(득점)	(서명)	(득점)	(서명)

※ 뒷면으로 이어짐

※ 답안지는 컴퓨터로 처리되므로 구기거나 더럽히지 마시고, 정답 칸 안에만 쓰십시오. 글씨가 채점란으로 들어오면 오답처리가 됩니다.

제　　회 전국한자능력검정시험 7급 답안지(2)

번호	정답	1검	2검	번호	정답	1검	2검	번호	정답	1검	2검
34				47				60			
35				48				61			
36				49				62			
37				50				63			
38				51				64			
39				52				65			
40				53				66			
41				54				67			
42				55				68			
43				56				69			
44				57				70			
45				58							
46				59							

01 다음 밑줄 친 漢字語의 音(음:소리)을 쓰세요. (1~32)

보기　　　　漢字 → 한자

1 이 학교는 <u>每年</u> 우수한 인재를 배출합니다.
　　　　　　　　　　　　　　　　[　　　]

2 누구든지 그녀의 <u>孝心</u>에 감탄합니다. [　　　]

3 컴퓨터에 바이러스가 침투해 <u>電算</u> 업무가 마비되었습니다.　　　　　　　　　　[　　　]

4 이미 <u>西山</u>에는 해가 지고 있습니다. [　　　]

5 <u>正午</u>가 되자 해가 머리 위에 있습니다. [　　　]

6 청군은 청기를, 백군은 <u>白旗</u>를 흔들며 응원합니다.　　　　　　　　　　　　　[　　　]

7 한우를 키우기 위해 <u>草地</u>를 조성합니다.
　　　　　　　　　　　　　　　　[　　　]

8 <u>立冬</u>이 지나자 날씨가 추워지기 시작합니다.
　　　　　　　　　　　　　　　　[　　　]

9 도시로 떠나 버린 <u>農村</u>에는 빈집이 많습니다.
　　　　　　　　　　　　　　　　[　　　]

10 그 아이들은 <u>敎室</u>을 자기 집보다 더 아낍니다.
　　　　　　　　　　　　　　　　[　　　]

11 지원서에 이름, 나이, 현주소 등을 <u>記入</u>했습니다.
　　　　　　　　　　　　　　　　[　　　]

12 아파트 관리인이 <u>休紙</u>를 태우고 있습니다.
　　　　　　　　　　　　　　　　[　　　]

13 그는 팔순이 넘는 <u>老母</u>를 봉양하고 있습니다.
　　　　　　　　　　　　　　　　[　　　]

14 나는 어릴 때부터 <u>三寸</u>과 함께 살았습니다.
　　　　　　　　　　　　　　　　[　　　]

15 형은 육군에, 나는 <u>空軍</u>에 입대할 것입니다.
　　　　　　　　　　　　　　　　[　　　]

16 외국인이 강북과 <u>江南</u> 중 어느 곳이 인구가 많으냐고 물었습니다.　　　　　　[　　　]

17 우리반에는 나와 <u>同名</u>인 친구가 많습니다.
　　　　　　　　　　　　　　　　[　　　]

18 지속적인 <u>育林</u>사업으로 산에 나무가 많아졌습니다.　　　　　　　　　　　　　[　　　]

19 삼촌은 신병교육을 다 받고 나서 <u>前方</u>에 배치되었습니다.　　　　　　　　　　[　　　]

20 부모님은 <u>邑內</u>에 음식점을 차리셨습니다.
　　　　　　　　　　　　　　　　[　　　]

21 <u>少女</u>는 부끄러운지 얼굴을 살짝 붉혔습니다.
　　　　　　　　　　　　　　　　[　　　]

22 그가 마라톤 경기 우승 후보로 <u>有力</u>합니다.
　　　　　　　　　　　　　　　　[　　　]

23 이 음료수는 <u>天然</u> 과즙을 원료로 만들었습니다.
　　　　　　　　　　　　　　　　[　　　]

24 내게는 그런 <u>重大</u>한 일을 감당할 만한 능력이 없습니다.　　　　　　　　　　　[　　　]

25 장난을 치다가 <u>學校</u>에서 벌을 받았습니다.
　　　　　　　　　　　　　　　　[　　　]

26 어두워지자 가까운 <u>民家</u>에서 머물기로 했습니다.
　　　　　　　　　　　　　　　　[　　　]

27 암행어사는 <u>王命</u>을 받들어 지방의 민정을 살핍니다.　　　　　　　　　　　　　[　　　]

28 이 물건은 <u>祖上</u> 대대로 내려온 것입니다.
　　　　　　　　　　　　　　　　[　　　]

29 우리 동네에는 중고차 <u>市場</u>이 들어섰습니다.
　　　　　　　　　　　　　　　　[　　　]

30 지금 아버지는 <u>外出</u>하고 안 계십니다. [　　　]

31 연기 때문에 <u>氣道</u>가 막혀서 숨을 쉴 수가 없습니다.　　　　　　　　　　　　[　　　]

32 당신은 <u>萬事</u>를 너무 쉽게 생각하십니다.
　　　　　　　　　　　　　　　　[　　　]

02 다음 漢字의 訓(훈:뜻)과 音(음:소리)을 쓰세요. (33~52)

보기	字 → 글자 자

33 足 [ ]	34 夕 [ ]
35 工 [ ]	36 靑 [ ]
37 登 [ ]	38 五 [ ]
39 先 [ ]	40 門 [ ]
41 答 [ ]	42 話 [ ]
43 里 [ ]	44 六 [ ]
45 金 [ ]	46 手 [ ]
47 弟 [ ]	48 歌 [ ]
49 面 [ ]	50 父 [ ]
51 火 [ ]	52 川 [ ]

03 다음 밑줄 친 단어의 漢字語를 〈보기〉에서 골라 그 번호를 쓰세요. (53~54)

보기	① 不便 ② 主人 ③ 七色 ④ 活動

53 다리를 다쳐서 활동이 어렵습니다. [   ]

54 그 의자는 앉기에 불편합니다. [   ]

04 다음 訓(훈:뜻)과 音(음:소리)에 맞는 漢字를 〈보기〉에서 골라 그 번호를 쓰세요. (55~64)

보기	① 左 ② 九 ③ 花 ④ 男 ⑤ 自 ⑥ 所 ⑦ 夫 ⑧ 安 ⑨ 姓 ⑩ 植

55 꽃 화   [   ]

56 바 소   [   ]

57 성 성   [   ]

58 왼 좌   [   ]

59 스스로 자   [   ]

60 편안 안   [   ]

61 사내 남   [   ]

62 심을 식   [   ]

63 지아비 부   [   ]

64 아홉 구   [   ]

05 다음 漢字의 상대 또는 반대되는 漢字를 〈보기〉에서 골라 그 번호를 쓰세요. (65~66)

보기	① 日 ② 物 ③ 間 ④ 春

65 [   ] ↔ 秋   66 [   ] ↔ 月

06 다음 漢字語의 뜻을 쓰세요. (67~68)

67 生食 [   ]

68 直後 [   ]

07 다음 漢字의 진하게 표시한 획은 몇 번째 쓰는지 〈보기〉에서 찾아 그 번호를 쓰세요. (69~70)

보기	① 첫 번째 ② 두 번째 ③ 세 번째 ④ 네 번째 ⑤ 다섯 번째 ⑥ 여섯 번째 ⑦ 일곱 번째 ⑧ 여덟 번째 ⑨ 아홉 번째 ⑩ 열 번째

69 海 [   ]

70 世 [   ]

수험번호 □□□-□□-□□□□　　　**성명** □□□□□

생년월일 □□□□□□

※ 유성 싸인펜, 붉은색 필기구 사용 불가.

※ 답안지는 컴퓨터로 처리되므로 구기거나 더럽히지 마시고, 정답 칸 안에만 쓰십시오. 글씨가 채점란으로 들어오면 오답처리가 됩니다.

제　　회 전국한자능력검정시험 7급 답안지(1)　　(시험시간 50분)

번호	정답	1검	2검	번호	정답	1검	2검	번호	정답	1검	2검
1				12				23			
2				13				24			
3				14				25			
4				15				26			
5				16				27			
6				17				28			
7				18				29			
8				19				30			
9				20				31			
10				21				32			
11				22				33			

감독위원	채점위원(1)		채점위원(2)		채점위원(3)	
(서명)	(득점)	(서명)	(득점)	(서명)	(득점)	(서명)

※ 뒷면으로 이어짐

※ 답안지는 컴퓨터로 처리되므로 구기거나 더럽히지 마시고, 정답 칸 안에만 쓰십시오. 글씨가 채점란으로 들어오면 오답처리가 됩니다.

제　　회 전국한자능력검정시험 7급 답안지(2)

번호	정답	1검	2검	번호	정답	1검	2검	번호	정답	1검	2검
34				47				60			
35				48				61			
36				49				62			
37				50				63			
38				51				64			
39				52				65			
40				53				66			
41				54				67			
42				55				68			
43				56				69			
44				57				70			
45				58							
46				59							

제5회

(社) 한국어문회 주관·한국한자능력검정회 시행

한자능력검정시험 7급 예상문제

문 항 수 : 70문항
합격문항 : 49문항
제한시간 : 50분

01 다음 밑줄 친 漢字語의 음(음:소리)을 쓰세요. (1~32)

보기   漢字 → 한자

1 그녀는 <u>算數</u>에 능하여 복잡한 계산도 잘한다.
[   ]

2 이 산맥은 <u>東西</u>를 가로지른다. [   ]

3 이 소설은 이십여 개 <u>國語</u>로 번역되었다.
[   ]

4 그는 약속 <u>場所</u>로 향하고 있다. [   ]

5 비만 치료를 위해서는 <u>小食</u>을 해야 한다.
[   ]

6 우리 학교 학생들이 모여 <u>校歌</u>를 합창하였다.
[   ]

7 은사님께서 <u>年老</u>한 몸을 이끌고 방문하셨다.
[   ]

8 울창한 <u>山林</u>은 우리나라의 자랑이다. [   ]

9 새는 <u>空中</u>을 마음껏 날아다닌다. [   ]

10 <u>千萬</u>의 말씀입니다. 저는 잘한 것이 없습니다.
[   ]

11 <u>祖父</u>께서 못다 이룬 꿈을 실현하고자 한다.
[   ]

12 친구가 선행을 베푼 <u>記事</u>가 신문에 실렸다.
[   ]

13 이 일은 생각보다 <u>時間</u>이 많이 걸린다. [   ]

14 한자 공부는 <u>學力</u> 향상에 큰 도움을 준다.
[   ]

15 방학에 <u>外家</u>에 가는 것은 나에게 큰 기쁨이다.
[   ]

16 길을 건널 때에는 항상 <u>左右</u>를 잘 살펴야 한다.
[   ]

17 우리 집 정원에는 <u>花草</u>가 가득하다. [   ]

18 취미 <u>生活</u>은 심신을 여유롭게 한다. [   ]

19 위인은 <u>後世</u>에 이름을 남긴 사람이다. [   ]

20 잠들기 <u>直前</u>에 음식을 먹는 것은 좋지 않다.
[   ]

21 올해 시험 <u>日字</u>가 확정되었다. [   ]

22 고층 빌딩 숲 사이에 <u>全面</u> 광고가 보였다.
[   ]

23 외국 <u>文物</u>을 들여와서 우리 것으로 재창조해
야 한다. [   ]

24 <u>白色</u>의 설원은 마음을 정화시켜 준다. [   ]

25 <u>教育</u> 환경에 따라 학습 의욕도 차이가 난다.
[   ]

26 <u>不安</u>해할수록 근심만 쌓이니, 어서 기운을 내
거라. [   ]

27 보일러는 일정한 온도가 되면 <u>自動</u>으로 꺼진다.
[   ]

28 <u>立春</u>이 지나자 날씨가 따뜻해졌다. [   ]

29 가족들은 <u>秋夕</u>에 만날 것을 기약하였다.
[   ]

30 <u>南海</u>의 아름다움은 말로 형언할 수 없다.
[   ]

31 우리는 <u>問答</u>을 통해 문제를 해결해나갔다.
[   ]

32 이 그림은 <u>天然</u> 물감으로 그린 것이다. [   ]

02 다음 漢字의 訓(훈:뜻)과 음(음:소리)을 쓰세요.
(33~52)

보기   字 → 글자 자

33 村 [   ]   34 口 [   ]

35 軍 [   ]   36 農 [   ]

37 道 [   ]   38 洞 [   ]

39 登 [   ]   40 每 [   ]

41 命 [   ]   42 民 [   ]

43 先 [   ]   44 姓 [   ]

45 室 [   ]   46 王 [   ]

47 邑 [   ]   48 長 [   ]

49 重 [   ]   50 紙 [   ]

51 土 [   ]   52 韓 [   ]

03 다음 밑줄 친 단어의 漢字語를 〈보기〉에서 골라 그 번호를 쓰세요. (53~54)

보기	① 人氣　② 六十　③ 男便　④ 平地

53 언덕을 걷다 평지를 만나니 반가웠다. [   ]

54 그의 인기는 단연 최고였다. [   ]

04 다음 訓(훈:뜻)과 음(음:소리)에 맞는 漢字를 〈보기〉에서 골라 그 번호를 쓰세요. (55~64)

보기	① 金　② 門　③ 內　④ 百
	⑤ 木　⑥ 旗　⑦ 大　⑧ 住
	⑨ 話　⑩ 植

55 쇠 금 [   ]

56 기 기 [   ]

57 안 내 [   ]

58 큰 대 [   ]

59 나무 목 [   ]

60 문 문 [   ]

61 일백 백 [   ]

62 심을 식 [   ]

63 살 주 [   ]

64 말씀 화 [   ]

05 다음 漢字의 상대 또는 반대되는 漢字를 〈보기〉에서 골라 그 번호를 쓰세요. (65~66)

보기	① 九　　② 女　　③ 冬　　④ 下

65 (　　) ↔ 夏   66 (　　) ↔ 上

06 다음 漢字語의 뜻을 쓰세요. 67~68)

67 手足 [   ]

68 母子 [   ]

07 다음 漢字의 진하게 표시한 획은 몇 번째 쓰는지 〈보기〉에서 찾아 그 번호를 쓰세요. (69~70)

보기	① 첫 번째　　② 두 번째
	③ 세 번째　　④ 네 번째
	⑤ 다섯 번째　⑥ 여섯 번째
	⑦ 일곱 번째　⑧ 여덟 번째
	⑨ 아홉 번째　⑩ 열 번째

69

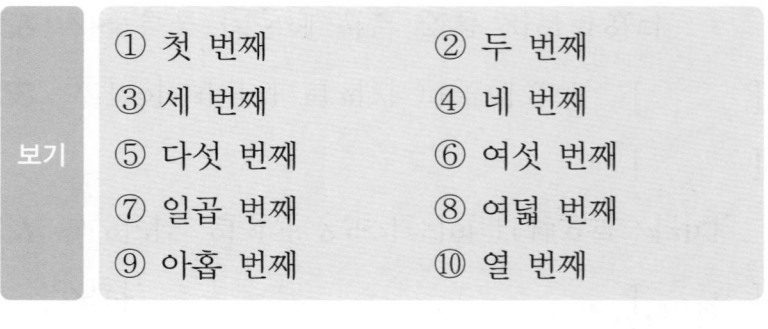

[   ]

70

[   ]

수험번호 □□□-□□-□□□□　　　**성명** □□□□□

생년월일 □□□□□□

※ 유성 싸인펜, 붉은색 필기구 사용 불가.

※ 답안지는 컴퓨터로 처리되므로 구기거나 더럽히지 마시고, 정답 칸 안에만 쓰십시오. 글씨가 채점란으로 들어오면 오답처리가 됩니다.

제　회 전국한자능력검정시험 7급 답안지(1)　（시험시간 50분）

번호	정답	1검	2검	번호	정답	1검	2검	번호	정답	1검	2검
	답 안 란	채점란			답 안 란	채점란			답 안 란	채점란	
1				12				23			
2				13				24			
3				14				25			
4				15				26			
5				16				27			
6				17				28			
7				18				29			
8				19				30			
9				20				31			
10				21				32			
11				22				33			

감독위원	채점위원(1)		채점위원(2)		채점위원(3)	
(서명)	(득점)	(서명)	(득점)	(서명)	(득점)	(서명)

※ 뒷면으로 이어짐

※ 답안지는 컴퓨터로 처리되므로 구기거나 더럽히지 마시고, 정답 칸 안에만 쓰십시오. 글씨가 채점란으로 들어오면 오답처리가 됩니다.

제   회 전국한자능력검정시험 7급 답안지(2)

번호	정답	1검	2검	번호	정답	1검	2검	번호	정답	1검	2검
34				47				60			
35				48				61			
36				49				62			
37				50				63			
38				51				64			
39				52				65			
40				53				66			
41				54				67			
42				55				68			
43				56				69			
44				57				70			
45				58							
46				59							

01 다음 밑줄 친 漢字語의 音(음:소리)을 쓰세요. (1~32)

보기 　　漢字 → 한자

1 正午는 태양이 가장 높이 떠 있을 때입니다.
[　]

2 조상들의 주거 生活은 어떠했을까요? [　]

3 사과는 間食으로 먹기에 좋습니다. [　]

4 버스를 탈 때는 안전한 人道에서 기다립니다.
[　]

5 韓紙로 예쁜 종이 상자를 만들었습니다.
[　]

6 만남의 장소와 日時를 정하였습니다. [　]

7 잔잔한 水面에 산 그림자가 비칩니다. [　]

8 황해와 南海의 다도해에는 해산물이 풍부합니다.
[　]

9 내일은 全國에 비가 내린다고 합니다. [　]

10 漢江에서 진행된 불꽃축제는 장관이었습니다.
[　]

11 三千里 방방곡곡 단풍이 붉게 물들었습니다.
[　]

12 그분의 孝心은 과히 본받을 만합니다. [　]

13 작가는 그 책을 쓴 이유를 後記에 밝혀두었습
니다. [　]

14 창수의 시골 外家에는 감나무가 있습니다.
[　]

15 어떤 언행이든 每事에 신중할 필요가 있습니다.
[　]

16 땅은 農夫에게 생명과도 같습니다. [　]

17 구청의 출입문을 自動門으로 교체하였습니다.
[　]

18 훈장님은 점잖게 뒷짐을 지고 八字걸음을 걸
으십니다.

19 四物놀이의 가락은 들을수록 흥겹습니다.

20 비갠 오후의 大氣가 한결 신선하였습니다.
[　]

21 스승의 가르침을 따르는 것은 弟子의 도리입
니다. [　]

22 드론을 이용하여 地上의 모양을 관찰할 수 있
습니다. [　]

23 그림 속 인물과 사진 속 인물은 同一한 사람입
니다. [　]

24 二重 유리창 속에는 공기가 있어 열이 잘 들어
오거나 나가지 못합니다. [　]

25 民主는 주권이 국민에게 있다는 뜻입니다.
[　]

26 유전 工學을 활용하여 더 많은 곡식을 생산할
수도 있습니다. [　]

27 少數의 의견도 존중할 줄 알아야 합니다.
[　]

28 발굴 팀은 왕릉에서 도자기 유물을 出土하였
습니다. [　]

29 장마는 대체로 六月부터 시작됩니다. [　]

30 규장각은 조선시대 王立 도서관이었습니다.
[　]

31 제 꿈은 하늘을 제패하는 空軍의 조종사가 되
는 것입니다. [　]

32 헌법은 前文과 주요 조항으로 이루어져 있습
니다. [　]

02 다음 漢字의 訓(훈:뜻)과 音(음:소리)을 쓰세요.
(33~52)

보기 　　字 → 글자 자

33 問 [　] 　　34 來 [　]

35 老 [　] 　　36 旗 [　]

37 木 [   ] 38 內 [   ]
39 所 [   ] 40 夏 [   ]
41 植 [   ] 42 命 [   ]
43 春 [   ] 44 世 [   ]
45 冬 [   ] 46 小 [   ]
47 室 [   ] 48 白 [   ]
49 登 [   ] 50 兄 [   ]
51 火 [   ] 52 右 [   ]

03 다음 밑줄 친 단어의 漢字語를 〈보기〉에서 골라 그 번호를 쓰세요. (53~54)

보기 ① 父母   ② 花草   ③ 不平   ④ 靑天

53 그의 성공비결은 불평보다는 항상 즐거움을 찾으려 노력하는 자세에 있었습니다. [   ]
54 화초를 기르는 것은 정신을 건강하게 해줍니다.
[   ]

04 다음 訓(훈:뜻)과 音(음:소리)에 맞는 漢字를 〈보기〉에서 골라 그 번호를 쓰세요. (55~64)

보기 ① 算   ② 祖   ③ 歌   ④ 休
      ⑤ 市   ⑥ 然   ⑦ 電   ⑧ 林
      ⑨ 答   ⑩ 秋

55 그럴 연   [   ]
56 셈 산   [   ]
57 저자 시   [   ]
58 노래 가   [   ]
59 대답 답   [   ]
60 할아비 조   [   ]
61 수풀 림   [   ]
62 쉴 휴   [   ]
63 번개 전   [   ]
64 가을 추   [   ]

05 다음 漢字의 상대 또는 반대되는 漢字를 〈보기〉에서 골라 그 번호를 쓰세요. (65~66)

보기 ① 手   ② 東   ③ 直   ④ 敎

65 (   ) ↔ 西   66 (   ) ↔ 足

06 다음 漢字語의 뜻을 쓰세요. (67~68)
67 人力   [   ]
68 長男   [   ]

07 다음 漢字의 진하게 표시한 획은 몇 번째 쓰는지 〈보기〉에서 찾아 그 번호를 쓰세요. (69~70)

보기 ① 첫 번째   ② 두 번째
      ③ 세 번째   ④ 네 번째
      ⑤ 다섯 번째   ⑥ 여섯 번째
      ⑦ 일곱 번째   ⑧ 여덟 번째
      ⑨ 아홉 번째   ⑩ 열 번째

69
[   ]

70
[   ]

수험번호 □□□-□□-□□□□   성명 □□□□□

생년월일 □□□□□□   ※ 유성 싸인펜, 붉은색 필기구 사용 불가.

※ 답안지는 컴퓨터로 처리되므로 구기거나 더럽히지 마시고, 정답 칸 안에만 쓰십시오. 글씨가 채점란으로 들어오면 오답처리가 됩니다.

제　　회 전국한자능력검정시험 7급 답안지(1)　　(시험시간 50분)

번호	정답	1검	2검	번호	정답	1검	2검	번호	정답	1검	2검
1				12				23			
2				13				24			
3				14				25			
4				15				26			
5				16				27			
6				17				28			
7				18				29			
8				19				30			
9				20				31			
10				21				32			
11				22				33			

	감독위원	채점위원(1)		채점위원(2)		채점위원(3)	
	(서명)	(득점)	(서명)	(득점)	(서명)	(득점)	(서명)

※ 뒷면으로 이어짐

제　　회 전국한자능력검정시험 7급 답안지(2)

번호	정답	1검	2검	번호	정답	1검	2검	번호	정답	1검	2검
34				47				60			
35				48				61			
36				49				62			
37				50				63			
38				51				64			
39				52				65			
40				53				66			
41				54				67			
42				55				68			
43				56				69			
44				57				70			
45				58							
46				59							

(社) 한국어문회 주관·한국한자능력검정회 시행

한자능력검정시험 7급 예상문제

문 항 수 : 70문항
합격문항 : 49문항
제한시간 : 50분

01 다음 밑줄 친 漢字語의 音(음:소리)을 쓰세요. (1~32)

보기   漢字 → 한자

1 外國 사람들은 젓가락 사용을 어려워합니다.
[   ]

2 우리나라 農民들의 숫자가 점점 줄어들고 있습니다.
[   ]

3 파도가 높아 배가 左右로 흔들립니다. [   ]

4 孝道는 으뜸가는 덕목 중 하나로 꼽힙니다.
[   ]

5 그 게임을 하기에는 인원수가 不足합니다.
[   ]

6 작년 운동회 때는 白軍이 이겼습니다. [   ]

7 오월을 계절의 女王이라고도 합니다. [   ]

8 최근에는 전기 自動車가 개발되고 있습니다.
[   ]

9 이번 여행의 목적지는 東海로 정했습니다.
[   ]

10 名色이 사장이라지만 실속이 없습니다. [   ]

11 前年에 비해 수출량이 크게 늘었습니다.
[   ]

12 우리 고장은 土地가 비옥하여 농사가 잘 됩니다.
[   ]

13 그는 文學에 뛰어난 재능이 있습니다. [   ]

14 민수가 우리 반 一同을 대표하여 선생님께 선물을 드렸습니다.
[   ]

15 그가 읽은 책만도 三千 권이 넘는다고 합니다.
[   ]

16 이 곳에 농산물 가공 工場이 들어설 예정입니다.
[   ]

17 늦가을 새벽 空氣가 제법 쌀쌀해졌습니다.
[   ]

18 우리 마을은 四方이 산으로 둘러싸여 있습니다.
[   ]

19 바둑은 내가 더 잘 두지만 장기는 내가 下手입니다.
[   ]

20 그는 家門의 대를 이을 장손입니다. [   ]

21 비가 갠 直後 하늘에는 영롱한 무지개가 떴습니다.
[   ]

22 강물의 오염 정도를 알기 위해 水中 탐사를 시작하였습니다.
[   ]

23 우리 市長님은 마치 동네 아저씨 같습니다.
[   ]

24 할아버지는 平生을 교직에 몸담으셨습니다.
[   ]

25 이 植物은 고산지대에서도 잘 자랍니다.
[   ]

26 방학이라 敎室이 덩그렇게 비었습니다. [   ]

27 수도권에 人口가 집중되고 있습니다. [   ]

28 학교가 멀어 스쿨버스로 登校합니다. [   ]

29 할머니는 七十이 넘으셨지만 여전히 정정하십니다.
[   ]

30 小數는 0 다음에 점을 찍어 나타냅니다.
[   ]

31 그 사건에 대한 기사가 신문의 紙面을 가득 채웠습니다.
[   ]

32 태백산맥은 南北으로 길게 뻗쳐 있습니다.
[   ]

02 다음 漢字의 訓(훈:뜻)과 音(음:소리)을 쓰세요. (33~52)

보기   字 → 글자 자

33 六 [   ]   34 九 [   ]

35 話 [   ]   36 記 [   ]

37 安 [   ]   38 時 [   ]

39 所 [   ]   40 靑 [   ]

41 五 [   ]   42 然 [   ]

43 春 [   ]   44 天 [   ]

45 里 [   ]   46 立 [   ]

47 萬 [   ]   48 老 [   ]

49 午 [   ]   50 世 [   ]

51 力 [   ]   52 旗 [   ]

03 다음 밑줄 친 단어의 漢字語를 〈보기〉에서 골라 그 번호를 쓰세요. (53~54)

| 보기 | ① 父母 | ② 火木 | ③ 不便 | ④ 電子 |

53 안개는 교통에 불편을 주기도 합니다.

[   ]

54 갈수록 전자책이 다양해지고 있습니다.

[   ]

04 다음 訓(훈:뜻)과 音(음:소리)에 맞는 漢字를 〈보기〉에서 골라 그 번호를 쓰세요. (55~64)

보기	① 每	② 主	③ 住	④ 夫
	⑤ 祖	⑥ 百	⑦ 邑	⑧ 育
	⑨ 全	⑩ 歌		

55 일백 백   [   ]

56 지아비 부   [   ]

57 기를 육   [   ]

58 임금/주인 주   [   ]

59 매양 매   [   ]

60 온전 전   [   ]

61 살 주   [   ]

62 할아비 조   [   ]

63 노래 가   [   ]

64 고을 읍   [   ]

05 다음 漢字의 상대 또는 반대되는 漢字를 〈보기〉에서 골라 그 번호를 쓰세요. (65~66)

| 보기 | ① 兄 | ② 山 | ③ 姓 | ④ 出 |

65 (   ) ↔ 入   66 (   ) ↔ 川

06 다음 漢字語의 뜻을 쓰세요. (67~68)

67 草食   [   ]

68 內心   [   ]

07 다음 漢字의 진하게 표시한 획은 몇 번째 쓰는지 〈보기〉에서 찾아 그 번호를 쓰세요. (69~70)

보기	① 첫 번째	② 두 번째
	③ 세 번째	④ 네 번째
	⑤ 다섯 번째	⑥ 여섯 번째
	⑦ 일곱 번째	⑧ 여덟 번째
	⑨ 아홉 번째	⑩ 열 번째

69 秋   [   ]

70 問   [   ]

수험번호 □□□-□□-□□□□   **성명** □□□□□

생년월일 □□□□□□

※ 유성 싸인펜, 붉은색 필기구 사용 불가.

※ 답안지는 컴퓨터로 처리되므로 구기거나 더럽히지 마시고, 정답 칸 안에만 쓰십시오. 글씨가 채점란으로 들어오면 오답처리가 됩니다.

제　　회 전국한자능력검정시험 7급 답안지(1)　　(시험시간 50분)

번호	정답	1검	2검	번호	정답	1검	2검	번호	정답	1검	2검
1				12				23			
2				13				24			
3				14				25			
4				15				26			
5				16				27			
6				17				28			
7				18				29			
8				19				30			
9				20				31			
10				21				32			
11				22				33			

	감독위원	채점위원(1)		채점위원(2)		채점위원(3)	
	(서명)	(득점)	(서명)	(득점)	(서명)	(득점)	(서명)

※ 답안지는 컴퓨터로 처리되므로 구기거나 더럽히지 마시고, 정답 칸 안에만 쓰십시오. 글씨가 채점란으로 들어오면 오답처리가 됩니다.

제　　회 전국한자능력검정시험 7급 답안지(2)

번호	정답	1검	2검	번호	정답	1검	2검	번호	정답	1검	2검
34				47				60			
35				48				61			
36				49				62			
37				50				63			
38				51				64			
39				52				65			
40				53				66			
41				54				67			
42				55				68			
43				56				69			
44				57				70			
45				58							
46				59							

01 다음 밑줄 친 漢字語의 음(음:소리)을 쓰세요. (1~32)

| 보기 | 漢字 → 한자 |

1 나도 후세에 이름을 남길만한 <u>人物</u>이 되고 싶습니다. [   ]

2 <u>孝女</u> 심청의 이야기에 감동하였습니다. [   ]

3 삼촌은 <u>大學</u>에서 동양학을 전공합니다. [   ]

4 소녀 가장에 대한 <u>記事</u>가 신문에 났습니다. [   ]

5 봄에는 <u>室外</u> 활동이 많습니다. [   ]

6 부모님의 은혜는 <u>平生</u>을 갚아도 모자랍니다. [   ]

7 우리 <u>校長</u> 선생님은 마치 동네 할아버지처럼 친근하십니다. [   ]

8 왕의 <u>左右</u>에는 많은 인재들이 있었습니다. [   ]

9 독도는 누가 뭐라고 하더라도 우리의 <u>國土</u>입니다. [   ]

10 잔잔한 <u>水面</u>에 얼굴을 비추어 봅니다. [   ]

11 주차할 <u>空間</u>이 넉넉하지 않습니다. [   ]

12 아버지께서는 <u>兄弟</u>에게 큰 기대를 걸고 계십니다. [   ]

13 일본의 <u>植民</u> 통치는 우리의 역사를 단절시켰습니다. [   ]

14 이산가족들이 <u>北韓</u>의 가족들과 자주 만날 수 있는 길이 열렸으면 좋겠습니다. [   ]

15 그 <u>少年</u>은 가난 속에서도 웃음을 잃지 않았습니다. [   ]

16 세 번의 실험에서 모두 <u>同一</u>한 결과가 나왔습니다. [   ]

17 <u>電話</u>를 할 때에도 지켜야할 예절이 있습니다. [   ]

18 <u>教育</u>은 나라의 앞날을 좌우하는 일입니다. [   ]

19 그 <u>男子</u>의 목소리는 우렁우렁하고 씩씩했습니다. [   ]

20 줄다리기만큼은 <u>靑軍</u>이 유리합니다. [   ]

21 나는 심심할 때마다 <u>十字</u>말풀이를 합니다. [   ]

22 식사 <u>直後</u> 곧바로 이를 닦는 것은 좋지 않다고 합니다. [   ]

23 우리와 영수네는 이웃<u>四寸</u>입니다. [   ]

24 제가 태어난 것을 가장 기뻐한 이는 <u>祖父</u>셨다고 합니다. [   ]

25 시험은 <u>午前</u> 11시부터 시작합니다. [   ]

26 한식에는 조상의 <u>山所</u>를 찾아 성묘를 합니다. [   ]

27 섬에서는 <u>自家</u>발전기로 전기를 얻습니다. [   ]

28 바다는 <u>五色</u> 영롱한 저녁노을로 물들었습니다. [   ]

29 그는 비록 <u>村夫</u>로 살아왔지만 학식은 누구에게 뒤지지 않습니다. [   ]

30 <u>洞里</u> 어귀에 큰 느티나무가 그늘을 지웁니다. [   ]

31 마을 사람 대부분은 <u>農林</u>업에 종사합니다. [   ]

32 새소리를 듣고 있으면 새로운 <u>活力</u>이 솟습니다. [   ]

02 다음 漢字의 訓(훈:뜻)과 흡(음:소리)을 쓰세요. (33~52)

보기	字 → 글자 자

33 重 [   ]   34 春 [   ]

35 旗 [   ]   36 邑 [   ]

37 命 [   ]   38 住 [   ]

39 登 [   ]   40 每 [   ]

41 氣 [   ]   42 算 [   ]

43 姓 [   ]   44 安 [   ]

45 出 [   ]   46 天 [   ]

47 千 [   ]   48 世 [   ]

49 然 [   ]   50 動 [   ]

51 江 [   ]   52 川 [   ]

03 다음 밑줄 친 단어의 漢字語를 〈보기〉에서 골라 그 번호를 쓰세요. (53~54)

보기	① 草地 ② 休場 ③ 便紙 ④ 中心

53 모처럼 찾아간 수목원이 아쉽게도 휴장하였다.

[   ]

54 기다리던 합격 소식이 담긴 편지가 도착하였다.

[   ]

04 다음 訓(훈:뜻)과 흡(음:소리)에 맞는 漢字를 〈보기〉에서 골라 그 번호를 쓰세요. (55~64)

보기	① 市 ② 秋 ③ 歌 ④ 方
	⑤ 車 ⑥ 道 ⑦ 時 ⑧ 先
	⑨ 東 ⑩ 花

55 노래 가   [   ]

56 수레 거/차   [   ]

57 저자 시   [   ]

58 먼저 선   [   ]

59 때 시   [   ]

60 꽃 화   [   ]

61 길 도   [   ]

62 동녘 동   [   ]

63 가을 추   [   ]

64 모 방   [   ]

05 다음 漢字의 상대 또는 반대되는 漢字를 〈보기〉에서 골라 그 번호를 쓰세요. (65~66)

보기	① 全 ② 足 ③ 夏 ④ 老

65 手 ↔ (   )   66 (   ) ↔ 冬

06 다음 漢字語의 뜻을 쓰세요. (67~68)

67 主食   [   ]

68 海上   [   ]

07 다음 漢字의 진하게 표시한 획은 몇 번째 쓰는지 〈보기〉에서 찾아 그 번호를 쓰세요. (69~70)

보기	① 첫 번째	② 두 번째
	③ 세 번째	④ 네 번째
	⑤ 다섯 번째	⑥ 여섯 번째
	⑦ 일곱 번째	⑧ 여덟 번째
	⑨ 아홉 번째	⑩ 열 번째

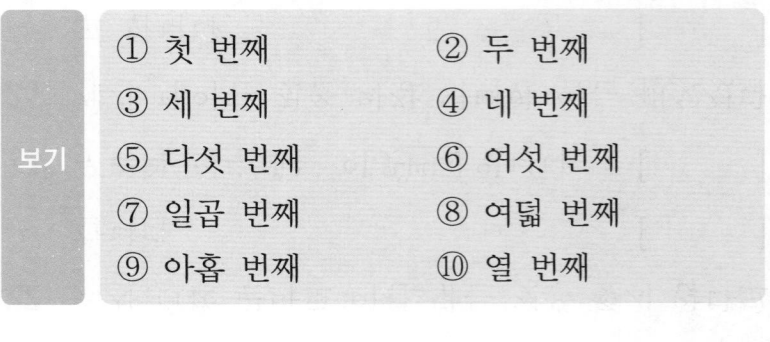

69   [   ]

70   [   ]

수험번호 □□□-□□-□□□□　　　　**성명** □□□□□

생년월일 □□□□□□

※ 유성 싸인펜, 붉은색 필기구 사용 불가.

※ 답안지는 컴퓨터로 처리되므로 구기거나 더럽히지 마시고, 정답 칸 안에만 쓰십시오. 글씨가 채점란으로 들어오면 오답처리가 됩니다.

제　　회 전국한자능력검정시험 7급 답안지(1)　　(시험시간 50분)

번호	정답	1검	2검	번호	정답	1검	2검	번호	정답	1검	2검
1				12				23			
2				13				24			
3				14				25			
4				15				26			
5				16				27			
6				17				28			
7				18				29			
8				19				30			
9				20				31			
10				21				32			
11				22				33			

	감독위원	채점위원(1)		채점위원(2)		채점위원(3)	
	(서명)	(득점)	(서명)	(득점)	(서명)	(득점)	(서명)

※ 뒷면으로 이어짐

※ 답안지는 컴퓨터로 처리되므로 구기거나 더럽히지 마시고, 정답 칸 안에만 쓰십시오. 글씨가 채점란으로 들어오면 오답처리가 됩니다.

제　　회 전국한자능력검정시험 7급 답안지(2)

번호	정답	1검	2검	번호	정답	1검	2검	번호	정답	1검	2검
34				47				60			
35				48				61			
36				49				62			
37				50				63			
38				51				64			
39				52				65			
40				53				66			
41				54				67			
42				55				68			
43				56				69			
44				57				70			
45				58							
46				59							

제9회

(社) 한국어문회 주관·한국한자능력검정회 시행

한자능력검정시험 7급 예상문제

문 항 수 : 70문항
합격문항 : 49문항
제한시간 : 50분

01 다음 밑줄 친 漢字語의 흠(음:소리)을 쓰세요. (1~32)

보기

漢字 → 한자

1 그들 兄弟는 우애가 남다릅니다. [   ]

2 十里는 약 4Km에 해당하는 거리입니다. [   ]

3 산과 들에서 채취한 식물들이 民間 요법에 사용되기도 합니다. [   ]

4 金九 선생의 『백범일지』에는 나라와 민족을 사랑하는 마음이 잘 나타나 있습니다. [   ]

5 이번 빙상 대회는 室外 경기장에서 열립니다. [   ]

6 최근 가뭄이 겹치면서 土地가 황폐해졌습니다. [   ]

7 이번 장마로 등산 계획이 全面 취소되었습니다. [   ]

8 최근에는 농업에도 自動 장치들을 많이 사용합니다. [   ]

9 우리 마을의 北方으로 큰 산맥이 에워싸고 있습니다. [   ]

10 萬一을 대비하여 비상 약을 준비하였습니다. [   ]

11 신랑과 신부가 하객들에게 감사의 人事를 하였습니다. [   ]

12 이 공연장의 관람석은 五百 석에 가깝습니다. [   ]

13 이 길은 우리나라 東西를 연결하는 주요 도로입니다. [   ]

14 최근에는 韓紙로 실을 뽑아 섬유를 만들기도 합니다. [   ]

15 몇 년 사이에 世上이 많이 바뀌었습니다. [   ]

16 보름달을 보며 모든 가족이 平安하기를 기원하였습니다. [   ]

17 火山의 대폭발로 큰 섬들이 생겨나기도 합니다. [   ]

18 파란색으로 大門을 예쁘게 칠하였습니다. [   ]

19 봄이 되자 들에는 온갖 生命으로 가득 찼습니다. [   ]

20 마을에 水道 시설이 모두 갖추어졌습니다. [   ]

21 오늘 校內 대강당에서 합창 대회가 열렸습니다. [   ]

22 정전이 되어 電算 업무가 마비되었습니다. [   ]

23 삼월 삼짇날 江南 갔던 제비가 돌아옵니다. [   ]

24 교황이 있는 바티칸처럼 하나의 시만으로 이루어진 국가를 市國이라 합니다. [   ]

25 군함들은 手旗를 흔들어 신호를 주고받기도 합니다. [   ]

26 그는 부모님께 下直하고 먼 길을 떠났습니다. [   ]

27 텔레비전은 그 사건을 每時마다 보도했습니다. [   ]

28 그는 대중 앞에서도 두려운 氣色없이 분명히 말하였습니다. [   ]

29 그의 한자 실력은 長足의 발전을 이루었습니다. [   ]

30 해달이 먹이를 찾아 海草 사이를 누빕니다. [   ]

31 어린 시절의 所重한 추억을 만드시기 바랍니다. [   ]

32 이 약은 食前에 먹는 것이 효과적입니다. [   ]

02 다음 漢字의 訓(훈:뜻)과 音(음:소리)을 쓰세요. (33~52)

보기	字 → 글자 자

33 祖 [　　　] 　34 川 [　　　]

35 休 [　　　] 　36 家 [　　　]

37 洞 [　　　] 　38 歌 [　　　]

39 植 [　　　] 　40 然 [　　　]

41 邑 [　　　] 　42 話 [　　　]

43 工 [　　　] 　44 立 [　　　]

45 文 [　　　] 　46 夫 [　　　]

47 來 [　　　] 　48 白 [　　　]

49 少 [　　　] 　50 王 [　　　]

51 正 [　　　] 　52 左 [　　　]

03 다음 밑줄 친 단어의 漢字語를 〈보기〉에서 골라 그 번호를 쓰세요. (53~54)

보기	① 年老　② 農場　③ 靑天　④ 春秋

53 할아버지 춘추가 벌써 아흔에 이르셨습니다.
[　　　]

54 연로하신 몸에도 불구하고 목소리만큼은 쩌렁
쩌렁 하십니다.　　　　　　　　　[　　　]

04 다음 訓(훈:뜻)과 音(음:소리)에 맞는 漢字를 〈보기〉에서 골라 그 번호를 쓰세요. (55~64)

보기	① 活　② 出　③ 花　④ 主 ⑤ 村　⑥ 育　⑦ 同　⑧ 冬 ⑨ 林　⑩ 便

55 주인 주　　　　[　　　]

56 겨울 동　　　　[　　　]

57 날 출　　　　[　　　]

58 기를 육　　　　[　　　]

59 편할 편/똥오줌 변 [　　　]

60 수풀 림　　　　[　　　]

61 꽃 화　　　　[　　　]

62 한가지 동　　　[　　　]

63 살 활　　　　[　　　]

64 마을 촌　　　　[　　　]

05 다음 漢字의 상대 또는 반대되는 漢字를 〈보기〉에서 골라 그 번호를 쓰세요. (65~66)

보기	① 心　② 有　③ 先　④ 夕

65 物 ↔ (　) 　　66 (　) ↔ 後

06 다음 漢字語의 뜻을 쓰세요. (67~68)

67 字母 [　　　　　　　]

68 入住 [　　　　　　　]

07 다음 漢字의 진하게 표시한 획은 몇 번째 쓰는지 〈보기〉에서 찾아 그 번호를 쓰세요. (69~70)

보기	① 첫 번째　　② 두 번째 ③ 세 번째　　④ 네 번째 ⑤ 다섯 번째　⑥ 여섯 번째 ⑦ 일곱 번째　⑧ 여덟 번째 ⑨ 아홉 번째　⑩ 열 번째

69 登 [　　　]

70 男 [　　　]

수험번호 □□□-□□-□□□□　　성명 □□□□□

생년월일 □□□□□□

※ 유성 싸인펜, 붉은색 필기구 사용 불가.

※ 답안지는 컴퓨터로 처리되므로 구기거나 더럽히지 마시고, 정답 칸 안에만 쓰십시오. 글씨가 채점란으로 들어오면 오답처리가 됩니다.

제　회 전국한자능력검정시험 7급 답안지(1)　（시험시간 50분）

번호	정답	1검	2검	번호	정답	1검	2검	번호	정답	1검	2검
1				12				23			
2				13				24			
3				14				25			
4				15				26			
5				16				27			
6				17				28			
7				18				29			
8				19				30			
9				20				31			
10				21				32			
11				22				33			

감독위원	채점위원(1)		채점위원(2)		채점위원(3)	
(서명)	(득점)	(서명)	(득점)	(서명)	(득점)	(서명)

※ 뒷면으로 이어짐

※ 답안지는 컴퓨터로 처리되므로 구기거나 더럽히지 마시고, 정답 칸 안에만 쓰십시오. 글씨가 채점란으로 들어오면 오답처리가 됩니다.

제　　회 전국한자능력검정시험 7급 답안지(2)

번호	정답	1검	2검	번호	정답	1검	2검	번호	정답	1검	2검
34				47				60			
35				48				61			
36				49				62			
37				50				63			
38				51				64			
39				52				65			
40				53				66			
41				54				67			
42				55				68			
43				56				69			
44				57				70			
45				58							
46				59							

【제1회】 예상문제(17p~18p)

1 효도	2 화림	3 전력	4 가부장
5 촌수	6 일기	7 실내	8 해수
9 소유	10 입동	11 심기	12 모녀
13 명물	14 문어	15 선수	16 동방
17 북한	18 공간	19 국토	20 오시
21 형제	22 산천	23 청춘	24 교기
25 입장	26 불평	27 정답	28 천금
29 소년	30 자백	31 좌우	32 구만리
33 편안 안	34 남녘 남	35 지아비 부	36 무거울 중
37 배울 학	38 오를 등	39 종이 지	40 노래 가
41 성 성	42 늙을 로	43 살 활	44 풀 초
45 가르칠 교	46 할아비 조	47 낯 면	48 살 주
49 그럴 연	50 번개 전	51 심을 식	52 저자 시
53 큰 문, 정문	54 겨냥한 곳에 바로 맞음	55 ②	
56 ⑧	57 ⑦	58 ⑤	59 ⑨
60 ⑩	61 ③	62 ④	63 ⑥
64 ①	65 ①	66 ③	67 ②
68 ④	69 ⑧	70 ⑥	

【제3회】 예상문제(25p~26p)

1 초가	2 공중	3 군가	4 시간
5 강산	6 수공	7 교기	8 국립
9 기색	10 일기	11 남자	12 남해
13 도내	14 장녀	15 소년	16 농민
17 식물	18 동문	19 동구	20 등장
21 노모	22 삼천리	23 만사	24 직면
25 성명	26 생명	27 조상	28 청춘
29 안전	30 휴지	31 불편	32 수백
33 모 방	34 말씀 화	35 하늘 천	36 먼저 선
37 번개 전	38 동녘 동	39 살 주	40 올 래
41 그릴 연	42 있을 유	43 아래 하	44 스스로 자
45 작을 소	46 오른/오른(쪽) 우		47 매양 매
48 고을 읍	49 내 천	50 효도 효	51 수풀 림
52 임금 왕	53 ④	54 ③	55 ⑨
56 ⑦	57 ⑤	58 ③	59 ①
60 ⑩	61 ⑥	62 ④	63 ⑧
64 ②	65 ①	66 ④	67 달이 떠오름
68 평평한 땅	69 ⑨	70 ⑦	

【제2회】 예상문제(21p~22p)

1 정오	2 천지	3 인력거	4 산천
5 촌수	6 세상	7 실내	8 해외
9 안전	10 화초	11 심산	12 모자
13 천추	14 가수	15 등교	16 남하
17 북한	18 공기	19 만민	20 식물
21 성명	22 가장	23 노년	24 시립
25 소중	26 부족	27 조부	28 중식
29 소녀	30 삼면	31 백군	32 자연
33 나라 국	34 동녘 동	35 지아비 부	36 마당 장
37 사이 간	38 먼저 선	39 번개 전	40 글월 문
41 아우 제	42 푸를 청	43 고을 읍	44 봄 춘
45 가르칠 교	46 기 기	47 평평할 평	48 말씀 화
49 왼 좌	50 종이 지	51 기를 육	52 대답 답
53 뒤쪽으로 난 문		54 마을	55 ②
56 ⑧	57 ⑦	58 ③	59 ⑨
60 ⑩	61 ①	62 ④	63 ⑥
64 ⑤	65 ②	66 ①	67 ④
68 ②	69 ⑦	70 ④	

【제4회】 예상문제(29p~30p)

1 매년	2 효심	3 전산	4 서산
5 정오	6 백기	7 초지	8 입동
9 농촌	10 교실	11 기입	12 휴지
13 노모	14 삼촌	15 공군	16 강남
17 동명	18 육림	19 전방	20 읍내
21 소녀	22 유력	23 천연	24 중대
25 학교	26 민가	27 왕명	28 조상
29 시장	30 외출	31 기도	32 만사
33 발 족	34 저녁 석	35 장인 공	36 푸를 청
37 오를 등	38 다섯 오	39 먼저 선	40 문 문
41 대답 답	42 말씀 화	43 마을 리	44 여섯 륙
45 쇠 금/ 성 김	46 손 수	47 아우 제	48 노래 가
49 낯/얼굴 면	50 아비 부	51 불 화	52 내 천
53 ④	54 ①	55 ③	56 ⑥
57 ⑨	58 ①	59 ⑤	60 ⑧
61 ④	62 ⑩	63 ⑦	64 ②
65 ④	66 손 수	67 날로 먹음	
68 바로 다음/ 바로 뒤		69 ⑥	70 ①

【제5회】 예상문제(33p~34p)

1 산수	2 동서	3 국어	4 장소
5 소식	6 교가	7 연로	8 산림
9 공중	10 천만	11 조부	12 기사
13 시간	14 학력	15 외가	16 좌우
17 화초	18 생활	19 후세	20 직전
21 일자	22 전면	23 문물	24 백색
25 교육	26 불안	27 자동	28 입춘
29 추석	30 남해	31 문답	32 천연
33 마을 촌	34 입 구	35 군사 군	36 농사 농
37 길 도	38 골 동/밝을 통	39 오를 등	40 매양 매
41 목숨 명	42 백성 민	43 먼저 선	44 성 성
45 집 실	46 임금 왕	47 고을 읍	48 긴 장
49 무거울 중	50 종이 지	51 흙 토	52 한국/나라 한
53 ④	54 ①	55 ①	56 ⑥
57 ③	58 ⑦	59 ⑤	60 ②
61 ④	62 ⑩	63 ⑧	64 ⑨
65 ③	66 ④	67 손과 발	
68 어머니와 아들		69 ④	70 ④

【제7회】 예상문제(41p~42p)

1 외국	2 농민	3 좌우	4 효도
5 부족	6 백군	7 여왕	8 자동차
9 동해	10 명색	11 전년	12 토지
13 문학	14 일동	15 삼천	16 공장
17 공기	18 사방	19 하수	20 가문
21 직후	22 수중	23 시장	24 평생
25 식물	26 교실	27 인구	28 등교
29 칠십	30 소수	31 지면	32 남북
33 여섯 륙	34 아홉 구	35 말씀 화	36 기록할 기
37 편안 안	38 때 시	39 바 소	40 푸를 청
41 다섯 오	42 그럴 연	43 봄 춘	44 하늘 천
45 마을 리	46 설 립	47 일만 만	48 늙을 로
49 낮 오	50 인간 세	51 힘 력	52 기 기
53 ③	54 ④	55 ⑥	56 ④
57 ⑧	58 ②	59 ①	60 ⑨
61 ③	62 ⑤	63 ⑩	64 ⑦
65 ④	66 ②	67 풀을 먹음	68 속마음
69 ⑦	70 ⑩		

【제6회】 예상문제(37p~38p)

1 정오	2 생활	3 간식	4 인도
5 한지	6 일시	7 수면	8 남해
9 전국	10 한강	11 삼천리	12 효심
13 후기	14 외가	15 매사	16 농부
17 자동문	18 팔자	19 사물	20 대기
21 제자	22 지상	23 동일	24 이중
25 민주	26 공학	27 소수	28 출토
29 유월	30 왕립	31 공군	32 전문
33 물을 문	34 올 래	35 늙을 로	36 기기
37 나무 목	38 안 내	39 바 소	40 여름 하
41 심을 식	42 목숨 명	43 봄 춘	44 인간 세
45 겨울 동	46 작을 소	47 집 실	48 흰 백
49 오를 등	50 형 형	51 불 화	52 오를/오른(쪽)우
53 ③	54 ②	55 ⑥	56 ①
57 ⑤	58 ③	59 ⑨	60 ②
61 ⑧	62 ④	63 ⑦	64 ⑩
65 ②	66 ①	67 사람의 힘	68 맏아들
69 ⑧	70 ⑥		

【제8회】 예상문제(45p~46p)

1 인물	2 효녀	3 대학	4 기사
5 실외	6 평생	7 교장	8 좌우
9 국토	10 수면	11 공간	12 형제
13 식민	14 북한	15 소년	16 동일
17 전화	18 교육	19 남자	20 청군
21 십자	22 직후	23 사촌	24 조부
25 오전	26 산소	27 자가	28 오색
29 촌부	30 동리	31 농림	32 활력
33 무거울 중	34 봄 춘	35 기 기	36 고을 읍
37 목숨 명	38 살 주	39 오를 등	40 매양 매
41 기운 기	42 셈 산	43 성 성	44 편안 안
45 날 출	46 하늘 천	47 일천 천	48 인간 세
49 그럴 연	50 움직일 동	51 강 강	52 내 천
53 ②	54 ③	55 ③	56 ⑤
57 ①	58 ⑧	59 ⑦	60 ⑩
61 ⑥	62 ⑨	63 ②	64 ④
65 ②	66 ③	67 주된 음식	68 바다 위
69 ⑤	70 ⑧		

【제9회】 예상문제(49p~50p)

1 형제	2 십리	3 민간	4 김구
5 실외	6 토지	7 전면	8 자동
9 북방	10 만일	11 인사	12 오백
13 동서	14 한지	15 세상	16 평안
17 화산	18 대문	19 생명	20 수도
21 교내	22 전산	23 강남	24 시국
25 수기	26 하직	27 매시	28 기색
29 장족	30 해초	31 소중	32 식전
33 할아비 조	34 내 천	35 쉴 휴	36 집 가
37 골 동/밝을 통	38 노래 가	39 심을 식	40 그럴 연
41 고을 읍	42 말씀 화	43 장인 공	44 설 립
45 글월 문	46 지아비 부	47 올 래	48 흰 백
49 적을 소	50 임금 왕	51 바를 정	52 왼 좌
53 ④	54 ①	55 ④	56 ⑧
57 ②	58 ⑥	59 ⑩	60 ⑨
61 ③	62 ⑦	63 ①	64 ⑤
65 ①	66 ③	67 자음과 모음	
68 들어가 살다(삶)		69 ⑥	70 ⑥

한자능력검정시험

7급 기출문제
(제98회~제105회)

- 기출문제(제98회~제105회)
- 정답(77p~78p)

➔ 본 기출문제는 수험생들의 기억에 의하여 재생된 문제입니다.

제98회
2022. 08. 27 시행

(社) 한국어문회 주관·한국한자능력검정회 시행
한자능력검정시험 **7급 기출문제**

문 항 수 : 70문항
합격문항 : 49문항
제한시간 : 50분

01 다음 밑줄 친 漢字語의 讀音(독음 : 읽는 소리)을 쓰세요. (1~32)

보기   漢字 → 한자

1 이 식당 主人은 손님들에게 무척 친절합니다.
[   ]

2 그가 西大門에서 나를 기다리고 있었습니다.
[   ]

3 요즘 같은 세상에도 孝子가 많습니다. [   ]

4 우리는 여행 道中에 만났습니다. [   ]

5 독립 운동가들은 나라의 自立을 위하여 학교를 세웠습니다. [   ]

6 이 문제는 正答을 찾기 어렵습니다. [   ]

7 형형색색 풍선들이 上空으로 날아올랐습니다.
[   ]

8 電車가 우리 마을을 통과합니다. [   ]

9 民心을 얻지 못하면 국회의원이 될 수 없습니다.
[   ]

10 우리 아들은 算數를 아주 잘합니다. [   ]

11 그는 전국 名山을 돌아다니며 건강을 돌보고 있습니다. [   ]

12 植物도 대화를 해 주면 잘 자랍니다. [   ]

13 우리 할아버지가 邑內에서 가장 연세가 많으십니다.
[   ]

14 나는 祖母 밑에서 자랐습니다. [   ]

15 그는 멀리서 手話로 의사를 표현했습니다. [   ]

16 그는 午後에 주로 회의를 합니다. [   ]

17 한국 초등학교의 敎室 환경이 아주 좋아졌습니다.
[   ]

18 사람은 老年에 행복해야 진짜 행복한 것입니다.
[   ]

19 우리에겐 희망 가득한 來日이 있습니다. [   ]

20 나이가 들수록 時間이 더 빠르게 가는 것 같습니다.
[   ]

21 그는 住所가 일정치 않습니다. [   ]

22 우리 아버지는 마을 村長으로 일하고 계십니다.
[   ]

23 군인들이 새로운 軍歌에 맞춰 행진했습니다.
[   ]

24 그는 外出할 때 꼭 손가방을 챙깁니다. [   ]

25 나는 시골에서 花草나 기르며 살고 싶습니다.
[   ]

26 그 업체는 白色 가전제품으로 유명합니다. [   ]

27 서울의 江南 지역은 1980년대 이후 본격 개발되었습니다. [   ]

28 그는 수석으로 대학에 入學했습니다. [   ]

29 살을 빼려면 무조건 夕食을 안 하는 게 좋습니다.
[   ]

30 삼촌은 前方에서 군 생활을 했습니다. [   ]

31 우리는 每月 첫째 주 수요일에 모임을 갖습니다.
[   ]

32 그는 不平 없이 늘 미소를 짓습니다. [   ]

02 다음 漢字의 訓(훈 : 뜻)과 音(음 : 소리)을 쓰세요. (33~52)

보기   字 → 글자 자

33 家 [   ]   34 少 [   ]
35 動 [   ]   36 弟 [   ]
37 先 [   ]   38 金 [   ]
39 然 [   ]   40 校 [   ]
41 育 [   ]   42 全 [   ]

43 農 [   ]   44 水 [   ]
45 生 [   ]   46 世 [   ]
47 土 [   ]   48 氣 [   ]
49 父 [   ]   50 命 [   ]
51 夏 [   ]   52 旗 [   ]

03 다음 訓(훈 : 뜻)과 音(음 : 소리)에 맞는 漢字를 〈보기〉에서 골라 그 번호를 쓰세요. (53~62)

보기	① 川	② 同	③ 工	④ 林
	⑤ 登	⑥ 有	⑦ 里	⑧ 東
	⑨ 休	⑩ 重		

53 무거울 중   [   ]
54 내 천   [   ]
55 마을 리   [   ]
56 장인 공   [   ]
57 오를 등   [   ]
58 한 가지 동   [   ]
59 있을 유   [   ]
60 수풀 림   [   ]
61 쉴 휴   [   ]
62 동녘 동   [   ]

04 다음 밑줄 친 漢字語를 〈보기〉에서 찾아 그 번호를 쓰세요. (63~64)

| 보기 | ① 兄夫 | ② 百姓 | ③ 活力 | ④ 千秋 |

63 대학을 못 간 것이 <u>천추</u>의 한으로 남습니다.
[   ]

64 임금은 <u>백성</u>을 위해 존재합니다. [   ]

05 다음 漢字의 상대 또는 반대되는 漢字를 〈보기〉에서 골라 그 번호를 쓰세요. (65~66)

| 보기 | ① 地 | ② 寸 | ③ 北 | ④ 右 |

65 左 ↔ (   )
66 天 ↔ (   )

06 다음 뜻에 맞는 漢字語를 〈보기〉에서 찾아 그 번호를 쓰세요. (67~68)

| 보기 | ① 市場 | ② 靑春 | ③ 記事 | ④ 直面 |

67 어떠한 일이나 사물을 직접 당하거나 접함.
[   ]

68 십 대 후반에서 이십 대에 걸치는 인생의 젊은 나이.
[   ]

07 다음 漢字의 진하게 표시한 획은 몇 번째 쓰는지 〈보기〉에서 찾아 그 번호를 쓰세요. (69~70)

보기	① 첫 번째	② 두 번째
	③ 세 번째	④ 네 번째
	⑤ 다섯 번째	⑥ 여섯 번째
	⑦ 일곱 번째	⑧ 여덟 번째
	⑨ 아홉 번째	⑩ 열 번째

69
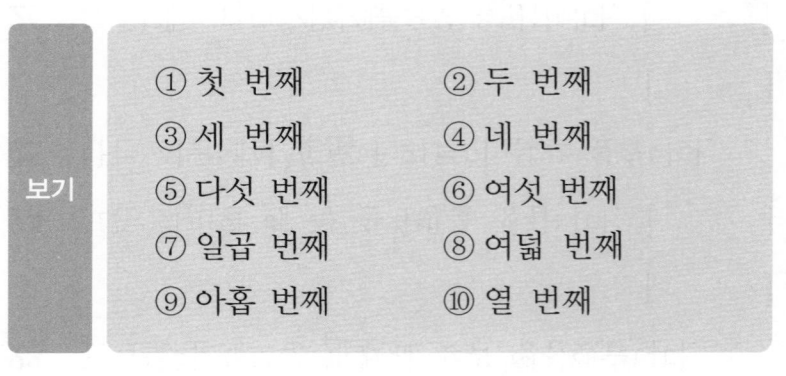
[   ]

70
[   ]

제99회
2022. 11. 26 시행

(社) 한국어문회 주관·한국한자능력검정회 시행

한자능력검정시험 **7급** 기출문제

문 항 수 : 70문항
합격문항 : 49문항
제한시간 : 50분

01 다음 밑줄 친 漢字語의 音(음 : 소리)을 쓰세요. (1~32)

| 보기 | 漢字 → 한자 |

1 약속한 시간보다 조금 일찍 모임 <u>場所</u>에 나갔습니다. [   ]

2 안락의자에 앉으니 <u>便安</u>합니다. [   ]

3 화분에 심은 <u>花草</u>들을 창가로 옮겼습니다. [   ]

4 북극 지방의 <u>上空</u>에는 오로라가 나타납니다. [   ]

5 신하들이 모두 모여 <u>國事</u>를 논의하였습니다. [   ]

6 할아버지께서는 <u>每日</u> 새벽마다 약수터를 가십니다. [   ]

7 신라의 군사가 백제의 성을 <u>三重</u>으로 포위했습니다. [   ]

8 광장에는 <u>數千</u>명의 인파가 몰려들었습니다. [   ]

9 철수는 앞길이 <u>萬里</u> 같은 팔팔한 청년입니다. [   ]

10 아버지는 우리에게 <u>自立</u> 정신을 심어주려고 애쓰셨습니다. [   ]

11 시험장에 <u>入室</u>할 때에는 수험표를 지참해야 합니다. [   ]

12 암행어사는 <u>王命</u>을 받들고 민정을 살폈습니다. [   ]

13 최근에는 <u>電氣</u> 자동차가 각광을 받고 있습니다. [   ]

14 오랜만에 온 <u>食口</u>가 한 자리에 모였습니다. [   ]

15 새로 개봉한 영화가 <u>世間</u>의 화제가 되고 있습니다. [   ]

16 <u>下午</u>가 되면서 놀이터에 아이들이 모여들었습니다. [   ]

17 심청이 아버지의 눈을 뜨게 하기 위해 <u>百方</u>으로 애썼습니다. [   ]

18 나무를 심고 가꾸는 일을 <u>育林</u>이라고 합니다. [   ]

19 배 한 척이 외로이 <u>水面</u> 위에 떠 있습니다. [   ]

20 한 젊은 <u>夫人</u>이 아이 손을 잡고 공원을 산책하였습니다. [   ]

21 나는 두 사람 사이의 말다툼에서 <u>中道</u>의 입장을 취했습니다. [   ]

22 저는 오 형제 중의 <u>長男</u>입니다. [   ]

23 태풍이 <u>南海</u>안을 강타하고 지나갔습니다. [   ]

24 두 사람은 거의 <u>同時</u>에 결승점에 들어왔습니다. [   ]

25 <u>車內</u>에서는 반드시 안전띠를 맵니다. [   ]

26 그는 이번 게임에서도 <u>先手</u>를 빼앗겼습니다. [   ]

27 고향집 <u>門前</u>에 들어서자 바둑이가 반갑게 꼬리칩니다. [   ]

28 그 일이 있은 <u>直後</u> 곧바로 영희에게 연락했습니다. [   ]

29 제가 막중한 그 일을 감당하기에는 <u>力不足</u>입니다. [   ]

30 함박눈이 내려 <u>天地</u>가 온통 하얗습니다. [   ]

31 영희는 취미 <u>活動</u>으로 스포츠 댄스를 배우고 있습니다. [   ]

32 우리 동네 <u>住民</u>들은 대부분 농사를 짓습니다. [   ]

02 다음 밑줄 친 漢字語를 〈보기〉에서 찾아 그 번호를 쓰세요. (33~34)

| 보기 | ① 有名　② 正色　③ 登校　④ 農旗 |

33 철수는 내게 <u>정색</u>을 하고 단호하게 말했습니다.

[　　]

34 두레꾼들이 <u>농기</u>를 앞세우고 신나게 풍물을 울립니다.

[　　]

03 다음 漢字의 訓(훈 : 뜻)과 音(음 : 소리)을 쓰세요. (35~54)

| 보기 | 字 → 글자 자 |

35 算 [　　]　　36 然 [　　]

37 左 [　　]　　38 江 [　　]

39 主 [　　]　　40 孝 [　　]

41 記 [　　]　　42 老 [　　]

43 平 [　　]　　44 子 [　　]

45 夏 [　　]　　46 右 [　　]

47 五 [　　]　　48 軍 [　　]

49 冬 [　　]　　50 少 [　　]

51 年 [　　]　　52 歌 [　　]

53 休 [　　]　　54 敎 [　　]

04 다음 訓(훈 : 뜻)과 音(음 : 소리)에 맞는 漢字를 〈보기〉에서 골라 그 번호를 쓰세요. (55~64)

| 보기 | ① 答　② 祖　③ 洞　④ 北
⑤ 話　⑥ 小　⑦ 工　⑧ 川
⑨ 來　⑩ 姓 |

55 내 천 [　　]

56 할아비 조 [　　]

57 올 래 [　　]

58 골 동 ㅣ 밝을 통 [　　]

59 장인 공 [　　]

60 말씀 화 [　　]

61 대답 답 [　　]

62 성 성 [　　]

63 북녘 북 ㅣ 달아날 배 [　　]

64 작을 소 [　　]

05 다음 漢字의 상대 또는 반대되는 漢字를 〈보기〉에서 골라 그 번호를 쓰세요. (65~66)

| 보기 | ① 秋　② 邑　③ 物　④ 夕 |

65 (　　) ↔ 心

66 春 ↔ (　　)

06 다음 뜻에 맞는 漢字語를 〈보기〉에서 찾아 그 번호를 쓰세요. (67~68)

| 보기 | ① 植木　② 出市　③ 白紙　④ 村家 |

67 시골 마을에 있는 집. [　　]

68 상품이 시중에 나옴. [　　]

07 다음 漢字의 진하게 표시한 획은 몇 번째 쓰는지 〈보기〉에서 찾아 그 번호를 쓰세요. (69~70)

| 보기 | ① 첫 번째　② 두 번째
③ 세 번째　④ 네 번째
⑤ 다섯 번째　⑥ 여섯 번째
⑦ 일곱 번째　⑧ 여덟 번째 |

69 母 [　　]

70 靑 [　　]

제100회
2023. 02. 25 시행
(社) 한국어문회 주관·한국한자능력검정회 시행
한자능력검정시험 7급 기출문제
문 항 수 : 70문항
합격문항 : 49문항
제한시간 : 50분

01 다음 밑줄 친 漢字語의 讀音(독음 : 읽는 소리)을 쓰세요. (1~32)

보기   漢字 → 한자

1 그는 집안의 <u>家長</u>으로서 최선을 다했습니다.
[   ]

2 이곳은 비좁아서 <u>空間</u>을 잘 활용해야 합니다.
[   ]

3 정치인은 <u>國民</u>의 의견에 귀 기울여야 합니다.
[   ]

4 충청도와 경상도, 전라도를 일컬어 <u>三南</u>이라 합니다.
[   ]

5 사람은 <u>內面</u>의 아름다움을 길러야 합니다. [   ]

6 농업과 임업을 합쳐 <u>農林</u>이라 부릅니다. [   ]

7 <u>答紙</u>에는 글자를 또박또박 써야 합니다. [   ]

8 생명을 가졌다는 점에서 인간과 <u>動物</u>은 동일합니다.
[   ]

9 신기술의 <u>登場</u>은 인류의 미래를 풍요롭게 합니다.
[   ]

10 유명한 가수가 다음 주에 <u>來韓</u> 공연을 합니다.
[   ]

11 올겨울 추위로 <u>電力</u> 부족을 걱정하게 되었습니다.
[   ]

12 <u>老母</u>의 쇠약한 모습에 마음이 아팠습니다.
[   ]

13 <u>每事</u>에 신중해야 실수를 줄일 수 있습니다.
[   ]

14 봄이 되자 <u>名所</u>가 관광객들로 붐빕니다. [   ]

15 할머니께 화상통화로 <u>問安</u> 인사를 드렸습니다.
[   ]

16 <u>四方</u>이 안개로 가득 차 앞이 보이지 않을 정도였습니다.
[   ]

17 코로나 확진자가 <u>百萬</u>을 넘어섰습니다. [   ]

18 <u>父女</u>의 닮은 모습에 친지들이 즐거워했습니다.
[   ]

19 수학의 기본은 <u>算數</u>입니다. [   ]

20 할아버지는 자식들이 찾아뵌다는 연락에 반가운 <u>氣色</u>이 역력했습니다. [   ]

21 <u>西門</u>으로 나가야 우리 집에 더 빨리 갈 수 있습니다.
[   ]

22 토끼와 거북이가 <u>先後</u>를 다투며 달리기 경주를 합니다.
[   ]

23 내가 사는 곳에는 <u>市立</u> 시설들이 많아 편리합니다.
[   ]

24 <u>世上</u>에는 도움의 손길이 필요한 곳이 많습니다.
[   ]

25 <u>青少年</u>의 미래를 위해 우리 사회가 해야 할 일이 무엇인지 고민해야 합니다. [   ]

26 <u>食口</u>는 끼니를 함께한다는 뜻입니다. [   ]

27 <u>中心</u>을 잘 잡는 균형 감각이 필요합니다. [   ]

28 꾸밈이 없는 상태를 <u>自然</u>이라고 일컫습니다.
[   ]

29 택배가 도착하는 데에는 <u>二日</u>이 소요됩니다.
[   ]

30 뒷동산 꼭대기에는 <u>草地</u>가 넓게 펼쳐져 있습니다.
[   ]

31 우리는 <u>午前</u>부터 만나서 즐거운 시간을 보냈습니다.
[   ]

32 옛날에는 <u>五寸</u>도 무척 가까운 친척으로 여겼습니다.
[   ]

02 다음 밑줄 친 漢字語를 〈보기〉에서 찾아 그 번호를 쓰세요. (33~34)

보기   ① 同時   ② 洞里   ③ 左右   ④ 出土

33 친구와 내가 <u>동시</u>에 같은 대답을 하고 서로 웃었습니다. [   ]

34 아파트 공사장에서 백제 유적이 다량으로 <u>출토</u>되었습니다. [   ]

03 다음 漢字의 訓(훈 : 뜻)과 音(음 : 소리)을 쓰세요. (35~54)

보기   字 → 글자 자

35 姓 [   ]   36 直 [   ]
37 旗 [   ]   38 記 [   ]
39 工 [   ]   40 室 [   ]
41 北 [   ]   42 歌 [   ]
43 活 [   ]   44 軍 [   ]
45 植 [   ]   46 全 [   ]
47 祖 [   ]   48 夫 [   ]
49 育 [   ]   50 村 [   ]
51 弟 [   ]   52 邑 [   ]
53 住 [   ]   54 命 [   ]

04 다음 訓(훈 : 뜻)과 音(음 : 소리)에 맞는 漢字를 〈보기〉에서 골라 그 번호를 쓰세요. (55~64)

보기   ① 重   ② 便   ③ 東   ④ 文
       ⑤ 休   ⑥ 夕   ⑦ 江   ⑧ 千
       ⑨ 道   ⑩ 不

55 동녘 동 [   ]
56 아닐 불 [   ]
57 저녁 석 [   ]
58 길 도 [   ]
59 일천 천 [   ]
60 무거울 중 [   ]
61 강 강 [   ]
62 편할 편 / 똥오줌 변 [   ]
63 글월 문 [   ]
64 쉴 휴 [   ]

05 다음 漢字의 상대 또는 반대되는 漢字를 〈보기〉에서 골라 그 번호를 쓰세요. (65~66)

보기   ① 敎   ② 手   ③ 秋   ④ 外

65 (   ) ↔ 學
66 春 ↔ (   )

06 다음 뜻에 맞는 漢字語를 〈보기〉에서 찾아 그 번호를 쓰세요. (67~68)

보기   ① 水火   ② 生花   ③ 海山   ④ 小話

67 살아있는 화초에서 꺾은 꽃. [   ]
68 짤막한 이야기. [   ]

07 다음 漢字의 진하게 표시한 획은 몇 번째 쓰는지 〈보기〉에서 찾아 그 번호를 쓰세요. (69~70)

보기   ① 첫 번째   ② 두 번째
       ③ 세 번째   ④ 네 번째
       ⑤ 다섯 번째   ⑥ 여섯 번째
       ⑦ 일곱 번째   ⑧ 여덟 번째
       ⑨ 아홉 번째   ⑩ 열 번째

69 校 [   ]

70 孝 [   ]

제101회
2023. 06. 03 시행
(社) 한국어문회 주관·한국한자능력검정회 시행
한자능력검정시험 **7급** 기출문제
문 항 수 : 70문항
합격문항 : 49문항
제한시간 : 50분

01 다음 밑줄 친 漢字語의 音(음 : 소리)을 쓰세요. (1~32)

보기   漢字 → 한자

1 그를 알아보지 못하는 사람은 少數에 불과했습니다.
[　　　]

2 김삿갓은 방랑 시인으로 有名합니다. [　　　]

3 단비가 오자 農夫들의 일손이 바빠졌습니다.
[　　　]

4 도로 공사 때문에 보행자들이 不便을 겪었습니다.
[　　　]

5 도서관의 대출 업무가 電算화되면서 이용자가 늘었습니다. [　　　]

6 명절 때가 되면 마을 사람들이 할아버지께 問安하러 옵니다. [　　　]

7 물건이 떨어지는 것은 지구의 重力 때문입니다.
[　　　]

8 박 과장은 신입 사원을 敎育하는 일을 담당합니다.
[　　　]

9 사또는 각 邑村에 전령을 돌렸습니다. [　　　]

10 사용한 休紙를 함부로 버리지 않습니다. [　　　]

11 소나기가 그친 靑天에 무지개가 걸렸습니다.
[　　　]

12 아버지는 年老하신 할머니를 위해 흔들의자를 마련하였습니다. [　　　]

13 예로부터 百姓은 나라의 근본이라 하였습니다.
[　　　]

14 오늘은 평상시보다 한 시간 일찍 登校했습니다.
[　　　]

15 우리 마을 里長님은 아주 젊습니다. [　　　]

16 우리나라는 일찍부터 活字를 이용한 인쇄술이 발달했습니다. [　　　]

17 우리는 위기에 直面하더라도 슬기롭게 극복할 수 있습니다. [　　　]

18 유관순 열사는 삼일 운동을 主動하였습니다.
[　　　]

19 이 댐은 千萬 톤의 물을 가둘 수 있습니다.
[　　　]

20 이 영화는 세계 각지에서 同時에 개봉되었습니다.
[　　　]

21 이번 주말에는 할아버지 山所에 성묘를 갈 계획입니다. [　　　]

22 이온 음료는 운동 前後에 마시기 좋습니다.
[　　　]

23 立春이 지나자 바람이 훈훈해졌습니다. [　　　]

24 전통문화 속에는 先祖들의 지혜가 담겨 있습니다.
[　　　]

25 주말이면 언니가 어머니의 家事를 돕습니다.
[　　　]

26 한국은 노령 人口가 증가하고 있습니다. [　　　]

27 할머니께 드릴 秋夕 선물을 샀습니다. [　　　]

28 할머니께서 다리가 불편한 氣色을 보였습니다.
[　　　]

29 할머니는 매일 洞內를 한 바퀴씩 산책합니다.
[　　　]

30 해군 경비정이 手旗로 신호를 보냈습니다.
[　　　]

31 화살이 과녁에 정확하게 命中하였습니다. [　　　]

32 화제가 自然스럽게 고향 이야기로 옮아갔습니다.
[　　　]

02 다음 밑줄 친 漢字語를 〈보기〉에서 찾아 그 번호를 쓰세요. (33~34)

| 보기 | ① 語學 ② 來往 ③ 正午 ④ 地下 |

33 이 건물에는 <u>지하</u> 3층에 주차장이 있습니다.
[   ]

34 멀리서 <u>정오</u>를 알리는 종소리가 들려왔습니다.
[   ]

03 다음 漢字의 訓(훈 : 뜻)과 音(음 : 소리)을 쓰세요. (35~54)

| 보기 | 字 → 글자 자 |

35 軍 [   ] 36 記 [   ]
37 道 [   ] 38 答 [   ]
39 東 [   ] 40 場 [   ]
41 寸 [   ] 42 話 [   ]
43 每 [   ] 44 海 [   ]
45 足 [   ] 46 民 [   ]
47 男 [   ] 48 右 [   ]
49 左 [   ] 50 上 [   ]
51 工 [   ] 52 市 [   ]
53 室 [   ] 54 韓 [   ]

04 다음 訓(훈 : 뜻)과 音(음 : 소리)에 맞는 漢字를 〈보기〉에서 찾아 그 번호를 쓰세요. (55~64)

| 보기 | ① 空 ② 子 ③ 孝 ④ 門 ⑤ 方 ⑥ 江 ⑦ 冬 ⑧ 平 ⑨ 世 ⑩ 車 |

55 겨울 동 [   ]
56 모 방 [   ]
57 수레 거 | 수레 차 [   ]
58 인간 세 [   ]

59 아들 자 [   ]
60 평평할 평 [   ]
61 빌 공 [   ]
62 강 강 [   ]
63 문 문 [   ]
64 효도 효 [   ]

05 다음 漢字의 상대 또는 반대되는 漢字를 〈보기〉에서 골라 그 번호를 쓰세요. (65~66)

| 보기 | ① 川 ② 心 ③ 入 ④ 夏 |

65 (   ) ↔ 出
66 物 ↔ (   )

06 다음 뜻에 맞는 漢字語를 〈보기〉에서 찾아 그 번호를 쓰세요. (67~68)

| 보기 | ① 草食 ② 花歌 ③ 林間 ④ 植木 |

67 나무를 심음. [   ]
68 주로 풀만 먹고 삶. [   ]

07 다음 漢字의 진하게 표시한 획은 몇 번째 쓰는지 〈보기〉에서 찾아 그 번호를 쓰세요. (69~70)

| 보기 | ① 첫 번째 ② 두 번째 ③ 세 번째 ④ 네 번째 ⑤ 다섯 번째 |

69 母 [   ]

70 火 [   ]

제102회
2023. 08. 26 시행
(社) 한국어문회 주관·한국한자능력검정회 시행
한자능력검정시험 7급 기출문제
문 항 수 : 70문항
합격문항 : 49문항
제한시간 : 50분

01 다음 밑줄 친 漢字語의 音(음 : 소리)을 쓰세요. (1~32)

보기　　　　漢字 → 한자

1 이것은 방부제를 전혀 쓰지 않은 <u>天然</u> 식품입니다.
[　　　]

2 이 방법은 임시 <u>方便</u>에 불과합니다. [　　　]

3 그녀는 화살을 정확히 표적에 <u>命中</u>시켰습니다.
[　　　]

4 그는 남녀<u>老少</u>를 막론하고 좋아하는 가수입니다.
[　　　]

5 폭우로 마을의 <u>農地</u>가 전부 물에 잠겼습니다.
[　　　]

6 경찰이 <u>住民</u>의 신고를 받고 긴급 출동하였습니다.
[　　　]

7 이 기계는 부품이 <u>數百</u> 가지가 넘습니다. [　　　]

8 <u>邑內</u>로 가는 길에 이 편지 좀 부쳐 주세요.
[　　　]

9 정환이는 모든 노래를 <u>軍歌</u>처럼 부릅니다.
[　　　]

10 부모님께서 작은 아파트를 <u>所有</u>하고 계십니다.
[　　　]

11 여기에 이름과 생년월일을 <u>記入</u>해 주세요.
[　　　]

12 춘부장께서는 올해 <u>春秋</u>가 어떻게 되시는지요?
[　　　]

13 이 영화는 관객 수가 <u>千萬</u> 명을 넘었습니다.
[　　　]

14 그 영화에는 많은 배우들이 <u>登場</u>합니다.
[　　　]

15 너무 경솔하게 행동하지 말고 <u>自重</u>하세요.
[　　　]

16 붕괴 위험으로 다리의 출입을 <u>全面</u> 통제했습니다.
[　　　]

17 연필 하나 줬다고 그렇게 <u>生色</u>을 내냐?
[　　　]

18 우리 아이는 <u>來年</u>이면 중학생이 돼요. [　　　]

19 우리 모둠은 <u>七夕</u>의 풍속에 대해 조사합니다.
[　　　]

20 <u>立夏</u>가 지나니 초여름으로 들어선 것 같습니다.
[　　　]

21 부모님의 마음이 <u>平安</u>하시길 빌었습니다.
[　　　]

22 안 쓰는 플러그를 뽑아 <u>電力</u> 낭비를 줄입시다.
[　　　]

23 의사는 약을 <u>食前</u>에 먹으라고 하였습니다.
[　　　]

24 <u>工事</u> 관계로 보행에 불편을 드려 죄송합니다.
[　　　]

25 이 식당은 <u>海物</u>칼국수가 주요 메뉴입니다.
[　　　]

26 민규는 홀어머니를 모시고 사는 <u>長男</u>입니다.
[　　　]

27 일어나니 <u>正午</u>에 가까운 시간입니다. [　　　]

28 몇 시에 <u>下山</u>할 작정입니까? [　　　]

29 언니와 <u>兄夫</u>는 미국으로 유학을 떠났습니다.
[　　　]

30 우리 반에는 나와 <u>同名</u>인 친구가 있습니다.
[　　　]

31 나는 졸업 후 십 년 만에 <u>母校</u>를 방문했습니다.
[　　　]

32 <u>不時</u>에 찾아뵙게 되어서 대단히 죄송합니다.
[　　　]

02 다음 漢字의 訓(훈: 뜻)과 音(음: 소리)을 쓰세요. (33~52)

보기	字 → 글자 자

33 弟 [   ]   34 旗 [   ]

35 寸 [   ]   36 手 [   ]

37 主 [   ]   38 話 [   ]

39 洞 [   ]   40 王 [   ]

41 里 [   ]   42 右 [   ]

43 冬 [   ]   44 父 [   ]

45 育 [   ]   46 外 [   ]

47 村 [   ]   48 足 [   ]

49 市 [   ]   50 活 [   ]

51 孝 [   ]   52 左 [   ]

03 다음 밑줄 친 漢字語를 〈보기〉에서 골라 그 번호를 쓰세요. (53~54)

보기	① 白人 ② 休學 ③ 花草 ④ 紙上

53 화단 위에 <u>화초</u>가 꽃을 가득 피웠습니다.

[   ]

54 형은 가정 형편이 어려워 <u>휴학</u> 중입니다.

[   ]

04 다음 訓(훈: 뜻)과 音(음: 소리)에 맞는 漢字를 〈보기〉에서 골라 그 번호를 쓰세요. (55~64)

보기	① 植 ② 南 ③ 祖 ④ 林 ⑤ 空 ⑥ 直 ⑦ 間 ⑧ 北 ⑨ 川 ⑩ 室

55 내 천   [   ]

56 북녘 북   [   ]

57 곧을 직   [   ]

58 할아비 조   [   ]

59 사이 간   [   ]

60 빌 공   [   ]

61 남녘 남   [   ]

62 집 실   [   ]

63 수풀 림   [   ]

64 심을 식   [   ]

05 다음 漢字의 상대 또는 반대되는 漢字를 〈보기〉에서 골라 그 번호를 쓰세요. (65~66)

보기	① 先 ② 六 ③ 車 ④ 東

65 (   ) ↔ 西

66 (   ) ↔ 後

06 다음 뜻에 맞는 漢字語를 〈보기〉에서 찾아 그 번호를 쓰세요. (67~68)

보기	① 家口 ② 心氣 ③ 水道 ④ 算出

67 마음으로 느끼는 기분.   [   ]

68 계산하여 냄.   [   ]

07 다음 漢字의 진하게 표시한 획은 몇 번째 쓰는지 〈보기〉에서 찾아 그 번호를 쓰세요. (69~70)

보기	① 첫 번째 ② 두 번째 ③ 세 번째 ④ 네 번째 ⑤ 다섯 번째 ⑥ 여섯 번째 ⑦ 일곱 번째

69 世

[   ]

70 每

[   ]

제103회
2023. 11. 11 시행

(社) 한국어문회 주관·한국한자능력검정회 시행

한자능력검정시험 **7급** 기출문제

문 항 수 : 70문항
합격문항 : 49문항
제한시간 : 50분

01 다음 밑줄 친 漢字語의 音(음 : 소리)을 쓰세요. (1~32)

보기 　　　漢字 → 한자

1 나무꾼은 가난해도 <u>正直</u>하고 바르게 살려고 노력
했습니다. [　　　]

2 영희는 좀처럼 화내거나 <u>調弄</u>하는 일이 없습니다.
[　　　]

3 모처럼 모인 <u>食口</u>들로 집 안이 떠들썩합니다.
[　　　]

4 녹색은 눈을 <u>便安</u>하게 해주는 색입니다. [　　　]

5 옆집 할머니는 늘 <u>氣力</u>이 왕성해 보입니다.
[　　　]

6 요즘 <u>農村</u>에는 가을걷이가 한창입니다. [　　　]

7 스코틀랜드에서는 <u>男子</u>가 치마를 입기도 합니다.
[　　　]

8 저분은 <u>寸數</u>로 치면 제 팔촌형님이 됩니다.
[　　　]

9 속초는 관광의 <u>名所</u>로도 널리 알려진 곳입니다.
[　　　]

10 막내가 나를 보자마자 <u>空然</u>히 심술을 부렸습니다.
[　　　]

11 국경일에는 <u>國旗</u>를 게양합니다. [　　　]

12 고귀한 <u>生命</u>은 무엇과도 바꿀 수 없습니다.
[　　　]

13 내가 영수를 만나기로 한 날은 <u>來日</u>입니다.
[　　　]

14 어제 시내에서 <u>三重</u> 추돌 사고가 났습니다.
[　　　]

15 우리 마을에서는 <u>里長</u>님이 제일 바쁩니다. [　　　]

16 빈칸에 이름과 연락처를 <u>記入</u>하도록 했습니다.
[　　　]

17 신입 사원들은 컴퓨터 <u>敎育</u>을 받았습니다. [　　　]

18 내 조카는 언니보다 <u>兄夫</u>를 더 많이 닮았습니다.
[　　　]

19 가을은 <u>登山</u>을 하기에 참 좋은 계절입니다.
[　　　]

20 우리 민족은 같은 <u>祖上</u>을 가진 단일 민족입니다.
[　　　]

21 일을 하려면 <u>先後</u>를 잘 따져서 해야 합니다.
[　　　]

22 이 <u>花草</u>는 물을 자주 주지 않아도 잘 자랍니다.
[　　　]

23 <u>千金</u>을 준다 해도 건강과는 바꿀 수 없습니다.
[　　　]

24 장군은 <u>手下</u>의 병졸들을 이끌고 전쟁터로 향했습
니다. [　　　]

25 동네 이발소는 <u>每月</u> 첫째 주 화요일에 쉽니다.
[　　　]

26 몸을 건강하게 관리하는 것도 부모님께 <u>孝道</u>하는
것입니다. [　　　]

27 덕이 많은 임금은 하늘을 공격하고 <u>百姓</u>을 사랑했
습니다. [　　　]

28 소방차가 사이렌을 울리며 화재 현장으로 <u>出動</u>합
니다. [　　　]

29 이 나무를 가을에 <u>植木</u>하면 내년 봄에 꽃을 볼 수
있습니다. [　　　]

30 대전 <u>方面</u>으로 가려면 왼쪽 길로 가야 합니다.
[　　　]

31 가게 점원이 허리를 굽혀 정중하게 <u>人事</u>를 했습니다.
[　　　]

32 할아버지께서는 <u>白色</u> 한복을 즐겨 입으십니다.
[　　　]

02 다음 밑줄 친 漢字語를 〈보기〉에서 찾아 그 번호를 쓰세요. (33~34)

보기   ① 大家   ② 同門   ③ 休學   ④ 心地

33 아버지와 삼촌은 같은 고등학교를 나온 동문입니다.
[   ]

34 철수는 심지가 굳고 용감한 아이입니다.
[   ]

03 다음 漢字의 訓(훈:뜻)과 音(음:소리)을 쓰세요. (35~54)

보기   字 → 글자 자

35 世 [   ]   36 立 [   ]
37 時 [   ]   38 右 [   ]
39 間 [   ]   40 邑 [   ]
41 車 [   ]   42 川 [   ]
43 海 [   ]   44 場 [   ]
45 夏 [   ]   46 夕 [   ]
47 工 [   ]   48 住 [   ]
49 市 [   ]   50 江 [   ]
51 內 [   ]   52 左 [   ]
53 洞 [   ]   54 午 [   ]

04 다음 訓(훈:뜻)과 音(음:소리)에 맞는 漢字를 〈보기〉에서 골라 그 번호를 쓰세요. (55~64)

보기   ① 室   ② 答   ③ 有   ④ 算
      ⑤ 中   ⑥ 六   ⑦ 靑   ⑧ 前
      ⑨ 足   ⑩ 林

55 있을 유   [   ]
56 셈 산   [   ]
57 수풀 림   [   ]
58 푸를 청   [   ]

59 집 실   [   ]
60 앞 전   [   ]
61 대답 답   [   ]
62 발 족   [   ]
63 여섯 륙   [   ]
64 가운데 중   [   ]

05 다음 漢字의 상대 또는 반대되는 漢字를 〈보기〉에서 골라 그 번호를 쓰세요. (65~66)

보기   ① 少   ② 春   ③ 主   ④ 歌

65 (   ) ↔ 秋
66 老 ↔ (   )

06 다음 뜻에 맞는 漢字語를 〈보기〉에서 찾아 그 번호를 쓰세요. (67~68)

보기   ① 電話   ② 紙物   ③ 自活   ④ 冬天

67 겨울 하늘.   [   ]
68 스스로의 힘으로 살아감.   [   ]

07 다음 漢字의 진하게 표시한 획은 몇 번째 쓰는지 〈보기〉에서 찾아 그 번호를 쓰세요. (69~70)

보기   ① 첫 번째   ② 두 번째
     ③ 세 번째   ④ 네 번째
     ⑤ 다섯 번째 ⑥ 여섯 번째
     ⑦ 일곱 번째

69 弟   [   ]

70 火   [   ]

제104회
2024. 02. 24 시행
(社) 한국어문회 주관·한국한자능력검정회 시행
한자능력검정시험 7급 기출문제
문 항 수 : 70문항
합격문항 : 49문항
제한시간 : 50분

01 다음 밑줄 친 漢字語의 音(음 : 소리)을 쓰세요. (1~32)

보기   漢字 → 한자

1 요즘 청소년들이 가장 선호하는 직업은 <u>歌手</u>입니다.
[   ]

2 <u>間食</u>을 많이 먹는 문화는 건강에 안 좋은 영향을
끼칩니다. [   ]

3 지난 범죄 사건으로 인해 치안에 <u>空白</u>이 생겼습니다.
[   ]

4 다른 나라의 <u>國土</u>를 침범하는 일은 결코 용납할
수 없습니다. [   ]

5 용의자는 경찰을 만나자 당황한 <u>氣色</u>을 감추지 못
했습니다. [   ]

6 <u>來年</u>에는 중학교에 입학해서 새 친구들을 만나게
됩니다. [   ]

7 학생회장 선거에서 후보자의 공약에 관한 <u>問答</u>이
오갔습니다. [   ]

8 <u>立冬</u>이 되니 정말 겨울이 온다는 느낌이 들었습니다.
[   ]

9 주말 <u>登山</u>을 통해 평일에 쌓였던 스트레스를 풀
수 있습니다. [   ]

10 환경오염이 심해지면서 <u>農林</u> 산업이 각광을 받고
있습니다. [   ]

11 봄은 <u>萬物</u>이 소생하는 계절이라고들 말합니다.
[   ]

12 내 친구는 <u>每事</u>에 빈틈이 없이 행동하는 장점이
있습니다. [   ]

13 성실함은 제가 꿈꾸는 목표를 이루는 <u>動力</u>입니다.
[   ]

14 마지막 화살이 <u>命中</u>하면서 금메달을 목에 걸 수
있었습니다. [   ]

15 <u>千字文</u>을 떼고 나니 자신감이 한층 올라간 느낌입
니다. [   ]

16 춘천 <u>方面</u>으로 가는 기차가 이제 곧 출발합니다.
[   ]

17 태풍이 <u>北上</u>하여 우리나라가 영향권에 접어들 전
망입니다. [   ]

18 저는 <u>四寸</u>들과 매우 가깝게 지내는 편입니다.
[   ]

19 이 식물의 <u>生長</u> 기간은 다른 식물에 비해 긴 편입
니다. [   ]

20 견우와 직녀가 만나는 날을 <u>七夕</u>이라고 부릅니다.
[   ]

21 부모를 잃었지만 씩씩하게 살아가는 <u>少女</u>를 보며
저 자신을 반성하게 되었습니다. [   ]

22 언제부터 <u>植木日</u>이 공휴일에서 제외되었나요?
[   ]

23 냉장고에 보관했다고 해서 무조건 <u>安心</u>하고 먹어
서는 안 됩니다. [   ]

24 동해 관광을 통해 <u>天然</u>의 아름다움을 감상할 수
있었습니다. [   ]

25 공부에는 <u>王道</u>가 없다는 말처럼, 요행을 바라지
않는 태도가 중요합니다. [   ]

26 해가 뜨는 것만큼이나 멋진 모습이 <u>月出</u>임을 사람
들은 잘 모르는 것 같다. [   ]

27 <u>正門</u>에 사람들이 몰려 매우 혼잡한 상황이라고 들
었습니다. [   ]

28 수면 <u>不足</u>은 현대인들이 공통적으로 느끼는 어려
움입니다. [   ]

29 미래의 <u>主人</u>은 어린이입니다. [　　]

30 정치인들은 <u>住民</u>들의 요구를 반영하여 정책을 수립해야 합니다. [　　]

31 우리 학교 <u>春秋</u>복은 참 예쁩니다. [　　]

32 저희 어머니는 <u>花草</u> 키우는 것을 좋아하십니다.
[　　]

02 다음 밑줄 친 漢字語를 〈보기〉에서 찾아 그 번호를 쓰세요. (33~34)

| 보기 | ① 學校　　② 東西　　③ 算數　　④ 地下 |

33 이 지역에는 여러 개의 <u>학교</u>가 밀집해 있습니다.
[　　]

34 우리 동네에는 <u>동서</u>로 큰 길이 나 있습니다.
[　　]

03 다음 漢字의 訓(훈: 뜻)과 音(음: 소리)을 쓰세요.
(35~54)

| 보기 | 字 → 글자 자 |

35 午 [　　]　　36 姓 [　　]

37 世 [　　]　　38 名 [　　]

39 同 [　　]　　40 家 [　　]

41 市 [　　]　　42 里 [　　]

43 重 [　　]　　44 南 [　　]

45 先 [　　]　　46 江 [　　]

47 大 [　　]　　48 夫 [　　]

49 軍 [　　]　　50 夏 [　　]

51 邑 [　　]　　52 工 [　　]

53 老 [　　]　　54 育 [　　]

04 다음 訓(훈: 뜻)과 音(음: 소리)에 맞는 漢字를 〈보기〉에서 찾아 그 번호를 쓰세요. (55~64)

| 보기 | ① 室　　② 口　　③ 金　　④ 話
⑤ 所　　⑥ 車　　⑦ 有　　⑧ 自
⑨ 川　　⑩ 父 |

55 아비 부 [　　]

56 바 소 [　　]

57 수레 거 | 수레 차 [　　]

58 집 실 [　　]

59 내 천 [　　]

60 스스로 자 [　　]

61 입 구 [　　]

62 있을 유 [　　]

63 말씀 화 [　　]

64 쇠 금 | 성 김 [　　]

05 다음 漢字의 상대(또는 반대)되는 漢字를 〈보기〉에서 골라 그 번호를 쓰세요. (65~66)

| 보기 | ① 內　　② 全　　③ 後　　④ 紙 |

65 (　　) ↔ 外

66 前 ↔ (　　)

06 다음 뜻에 맞는 漢字語를 〈보기〉에서 찾아 그 번호를 쓰세요. (67~68)

| 보기 | ① 左右　　② 水火　　③ 兄弟　　④ 母子 |

67 왼쪽과 오른쪽. [　　]

68 어머니와 아들. [　　]

07 다음 漢字의 진하게 표시한 획은 몇 번째 쓰는지 〈보기〉에서 찾아 그 번호를 쓰세요. (69~70)

보기	
① 첫 번째	② 두 번째
③ 세 번째	④ 네 번째
⑤ 다섯 번째	⑥ 여섯 번째
⑦ 일곱 번째	⑧ 여덟 번째
⑨ 아홉 번째	⑩ 열 번째
⑪ 열한 번째	⑫ 열두 번째
⑬ 열세 번째	

69 [   ]

70 [   ]

제105회
2024. 05. 25 시행
(社) 한국어문회 주관·한국한자능력검정회 시행

한자능력검정시험 7급 기출문제

문 항 수 : 70문항
합격문항 : 49문항
제한시간 : 50분

01 다음 밑줄 친 漢字語의 音(음 : 소리)을 쓰세요. (1~32)

보기 　　　　　漢字 → 한자

1 고즈넉한 <u>下午</u> 두 시 무렵 사냥꾼은 낮잠에 빠졌습니다. [　　]

2 백제의 군사들은 성을 <u>三重</u>으로 포위하였습니다. [　　]

3 우리나라의 <u>電子</u> 제품을 수입하려는 나라가 점점 늘고 있습니다. [　　]

4 몸이 어디 <u>不便</u>한지 영희의 안색이 창백합니다. [　　]

5 할머니 <u>春秋</u>는 벌써 아흔을 바라봅니다. [　　]

6 계산기를 자주 사용하면 <u>算數</u> 실력이 잘 늘지 않습니다. [　　]

7 자고로 임금은 하늘을 공경하고 <u>百姓</u>을 사랑해야 하는 법입니다. [　　]

8 우리 마을은 칠월 <u>七夕</u>에 강냉이떡과 밀개떡을 즐겨 먹습니다. [　　]

9 나무꾼 부부는 홀로 된 <u>老母</u>를 지극정성으로 모셨습니다. [　　]

10 집안청소는 아무리 잘해도 <u>生色</u>이 잘 나지 않습니다. [　　]

11 농업기술센터에서 초보 농군들에게 농기계 다루는 법을 <u>教育</u>해 줍니다. [　　]

12 주말에 이동하려면 <u>事前</u>에 차편을 알아보는 것이 좋겠습니다. [　　]

13 새로 발굴을 시작한 무덤에서 금동미륵상이 <u>出土</u>되었습니다. [　　]

14 아주머니는 <u>氣力</u>이 부치는지 계단을 오르며 연신 숨을 헉헉거리셨습니다. [　　]

15 삼촌은 군에 입대하기 위해 다니던 대학을 잠시 <u>休學</u>했습니다. [　　]

16 선생님은 <u>白紙</u>에 붓글씨로 내 이름을 써 주셨습니다. [　　]

17 개는 <u>主人</u>을 보자마자 반갑게 꼬리를 쳤습니다. [　　]

18 일제에 의해 왜곡된 역사는 올바르게 <u>正立</u>을 해야 합니다. [　　]

19 우리 마을 경로잔치에 <u>邑長</u>님이 찾아와 자리를 빛내 주셨습니다. [　　]

20 엄마께서 횟감을 사러 수산물 <u>市場</u>에 가셨습니다. [　　]

21 영희는 나를 보고도 못 본 척 <u>外面</u>을 하고 지나갔습니다. [　　]

22 우리나라의 <u>國花</u>는 무궁화입니다. [　　]

23 요즘엔 혼자 사는 1인 <u>家口</u>가 점점 늘어나는 추세입니다. [　　]

24 예전에, 양반이 아닌 상민이 살던 마을을 <u>民村</u>이라고 하였습니다. [　　]

25 군인들이 발을 힘껏 구르며 절도 있게 <u>軍歌</u>를 부릅니다. [　　]

26 우리는 <u>來日</u> 날이 밝자마자 다음 목적지로 출발할 예정입니다. [　　]

27 날이 따뜻해진 요즘이 <u>植木</u>하기에는 제철입니다. [　　]

28 무분별한 벌목과 산불로 <u>山林</u> 자원이 점차 줄어들고 있습니다. [　　]

29 박 병장은 스무 발의 총알을 모두 표적에 <u>命中</u>시켰습니다. [　　　]

30 함선들 간에는 <u>手旗</u>로 신호를 주고받기도 합니다. [　　　]

31 이 건물의 5층에는 변호사 사무실이 <u>入住</u>해 있습니다. [　　　]

32 고창의 특산물로는 수박이 <u>有名</u>합니다. [　　　]

02 다음 밑줄 친 漢字語를 〈보기〉에서 찾아 그 번호를 쓰세요. (33~34)

| 보기 | ① 萬世　② 天然　③ 校時　④ 祖上 |

33 철수는 묻는 말에 대답은 않고 <u>천연</u>덕스레 먼 산만 바라봅니다. [　　　]

34 한식에는 <u>조상</u>의 산소를 찾아 성묘를 합니다. [　　　]

03 다음 漢字의 訓(훈: 뜻)과 音(음: 소리)을 쓰세요. (35~54)

| 보기 | 字 → 글자 자 |

35 安 [　　　]　36 活 [　　　]

37 少 [　　　]　38 江 [　　　]

39 海 [　　　]　40 答 [　　　]

41 內 [　　　]　42 夏 [　　　]

43 孝 [　　　]　44 食 [　　　]

45 工 [　　　]　46 夫 [　　　]

47 冬 [　　　]　48 文 [　　　]

49 話 [　　　]　50 道 [　　　]

51 左 [　　　]　52 方 [　　　]

53 千 [　　　]　54 平 [　　　]

04 다음 訓(훈: 뜻)과 音(음: 소리)에 맞는 漢字를 〈보기〉에서 찾아 그 번호를 쓰세요. (55~64)

| 보기 | ① 登　② 同　③ 足　④ 記
⑤ 所　⑥ 里　⑦ 草　⑧ 全
⑨ 每　⑩ 川 |

55 오를 등 [　　　]

56 바 소 [　　　]

57 풀 초 [　　　]

58 마을 리 [　　　]

59 한 가지 동 [　　　]

60 내 천 [　　　]

61 매양 매 [　　　]

62 기록할 기 [　　　]

63 발 족 [　　　]

64 온전 전 [　　　]

05 다음 漢字의 상대(또는 반대)되는 漢字를 〈보기〉에서 골라 그 번호를 쓰세요. (65~66)

| 보기 | ① 物　② 直　③ 男　④ 後 |

65 (　　　) ↔ 心

66 先 ↔ (　　　)

06 다음 뜻에 맞는 漢字語를 〈보기〉에서 찾아 그 번호를 쓰세요. (67~68)

| 보기 | ① 車間　② 動地　③ 自農　④ 空洞 |

67 땅을 움직임. [　　　]

68 아무것도 없이 텅 빈 큰 골짜기. [　　　]

07 다음 漢字의 진하게 표시한 획은 몇 번째 쓰는지 〈보기〉에서 찾아 그 번호를 쓰세요. (69~70)

보기	① 첫 번째	② 두 번째
	③ 세 번째	④ 네 번째
	⑤ 다섯 번째	

69 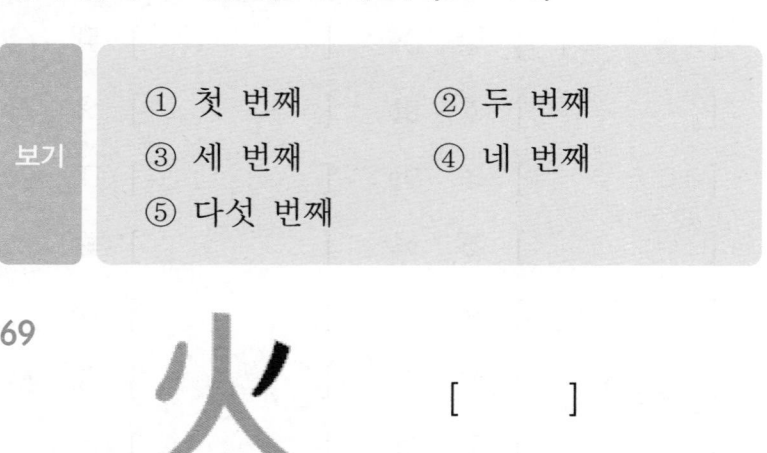   [   ]

70   [   ]

【제98회】 기출문제(59~60p)

1 주인	2 서대문	3 효자	4 도중
5 자립	6 정답	7 상공	8 전차
9 민심	10 산수	11 명산	12 식물
13 읍내	14 조모	15 수화	16 오후
17 교실	18 노년	19 내일	20 시간
21 주소	22 촌장	23 군가	24 외출
25 화초	26 백색	27 강남	28 입학
29 석식	30 전방	31 매월	32 불평
33 집 가	34 적을 소	35 움직일 동	36 아우 제
37 먼저 선	38 쇠 금	39 그럴 연	40 학교 교
41 기를 육	42 온전 전	43 농사 농	44 물 수
45 날 생	46 인간 세	47 흙 토	48 기운 기
49 아비 부	50 목숨 명	51 여름 하	52 기 기
53 ⑩	54 ①	55 ⑦	56 ③
57 ⑤	58 ②	59 ⑥	60 ④
61 ⑨	62 ⑧	63 ④	64 ②
65 ④	66 ①	67 ④	68 ②
69 ⑥	70 ⑧		

【제100회】 기출문제(63p~64p)

1 가장	2 공간	3 국민	4 삼남
5 내면	6 농림	7 답지	8 동물
9 등장	10 내한	11 전력	12 노모
13 매사	14 명소	15 문안	16 사방
17 백만	18 부녀	19 산수	20 기색
21 서문	22 선후	23 시립	24 세상
25 청소년	26 식구	27 중심	28 자연
29 이일	30 초지	31 오전	32 오촌
33 ①	34 ④	35 성 성	36 곧을 직
37 기 기	38 기록할 기	39 장인 공	40 집 실
41 북녘 북/달아날 배	42 노래 가	43 살 활	44 군사 군
45 심을 식	46 온전 전	47 할아비 조	48 지아비 부
49 기를 육	50 마을 촌	51 아우 제	52 고을 읍
53 살 주	54 목숨 명	55 ③	56 ⑩
57 ⑥	58 ⑨	59 ⑧	60 ①
61 ⑦	62 ②	63 ④	64 ⑤
65 ①	66 ③	67 ②	68 ④
69 ⑨	70 ④		

【제99회】 기출문제(61p~62p)

1 장소	2 편안	3 화초	4 상공
5 국사	6 매일	7 삼중	8 수천
9 만리	10 자립	11 입실	12 왕명
13 전기	14 식구	15 세간	16 하오
17 백방	18 육림	19 수면	20 부인
21 중도	22 장남	23 남해	24 동시
25 차내	26 선수	27 문전	28 직후
29 역부족	30 천지	31 활동	32 주민
33 ② 正色	34 ④ 農旗	35 셈 산	36 그럴 연
37 왼 좌	38 강 강	39 임금/주인 주	40 효도 효
41 기록할 기	42 늙을 로	43 평평할 평	44 아들 자
45 여름 하	46 오를/오른(쪽) 우	47 다섯 오	48 군사 군
49 겨울 동	50 적을 소	51 해 년	52 노래 가
53 쉴 휴	54 가르칠 교	55 ⑧ 川	56 ② 祖
57 ⑨ 來	58 ③ 洞	59 ⑦ 工	60 ⑤ 話
61 ① 答	62 ⑩ 姓	63 ④ 北	64 ⑥ 小
65 ③ 物	66 ① 秋	67 ④ 村家	68 ② 出市
69 ④	70 ⑤		

【제101회】 기출문제(65p~66p)

1 소수	2 유명	3 농부	4 불편
5 전산	6 문안	7 중력	8 교육
9 읍촌	10 휴지	11 청천	12 연로
13 백성	14 등교	15 이장	16 활자
17 직면	18 주동	19 천만	20 동시
21 산소	22 전후	23 입춘	24 선조
25 가사	26 인구	27 추석	28 기색
29 동내	30 수기	31 명중	32 자연
33 ④ 地下	34 ③ 正午	35 군사 군	36 기록할 기
37 길 도	38 대답 답	39 동녘 동	40 마당 장
41 마디 촌	42 말씀 화	43 매양 매	44 바다 해
45 발 족	46 백성 민	47 사내 남	48 오를/오른(쪽) 우
49 왼 좌	50 윗 상	51 장인 공	52 저자 시
53 집 실	54 한국/나라 한	55 ⑦ 冬	56 ⑤ 方
57 ⑩ 車	58 ⑨ 世	59 ② 子	60 ⑧ 平
61 ① 空	62 ⑥ 江	63 ④ 門	64 ③ 孝
65 ③ 入	66 ② 心	67 ④ 植木	68 ① 草食
69 ④	70 ②		

【제102회】 기출문제(67~68p)

1 천연	2 방편	3 명중	4 노소
5 농지	6 주민	7 수백	8 읍내
9 군가	10 소유	11 기입	12 춘추
13 천만	14 등장	15 자중	16 전면
17 생색	18 내년	19 칠석	20 입하
21 평안	22 전력	23 식전	24 공사
25 해물	26 장남	27 정오	28 하산
29 형부	30 동명	31 모교	32 불시
33 아우 제	34 기 기	35 마디 촌	36 손 수
37 주인/임금 주	38 말씀 화	39 골 동│밝을 통	40 임금 왕
41 마을 리	42 오른 우	43 겨울 동	44 아비 부
45 기를 육	46 바깥 외	47 마을 촌	48 발 족
49 저자 시	50 살 활	51 효도 효	52 왼 좌
53 ③	54 ②	55 ⑨	56 ⑧
57 ⑥	58 ③	59 ⑦	60 ⑤
61 ②	62 ⑩	63 ④	64 ①
65 ④	66 ①	67 ②	68 ④
69 ④	70 ⑦		

【제104회】 기출문제(71~73p)

1 가수	2 간식	3 공백	4 국토
5 기색	6 내년	7 문답	8 입동
9 등산	10 농림	11 만물	12 매사
13 동력	14 명중	15 천자문	16 방면
17 북상	18 사촌	19 생장	20 칠석
21 소녀	22 식목일	23 안심	24 천연
25 왕도	26 월출	27 정문	28 부족
29 주인	30 주민	31 춘추	32 화초
33 ①	34 ②	35 낮 오	36 성 성
37 인간 세	38 이름 명	39 한 가지 동	40 집 가
41 저자 시	42 마을 리	43 무거울 중	44 남녘 남
45 먼저 선	46 강 강	47 큰 대	48 지아비 부
49 군사 군	50 여름 하	51 고을 읍	52 장인 공
53 늙을 로	54 기를 육	55 ⑩	56 ⑤
57 ⑥	58 ①	59 ⑨	60 ⑧
61 ②	62 ⑦	63 ④	64 ③
65 ①	66 ③	67 ①	68 ④
69 ④	70 ④		

【제103회】 기출문제(69~70p)

1 정직	2 불평	3 식구	4 편안
5 기력	6 농촌	7 남자	8 촌수
9 명소	10 공연	11 국기	12 생명
13 내일	14 삼중	15 이장	16 기입
17 교육	18 형부	19 등산	20 조상
21 선후	22 화초	23 천금	24 수하
25 매월	26 효도	27 백성	28 출동
29 식목	30 방면	31 인사	32 백색
33 ② 同門	34 ④ 心地	35 인간 세	36 설 립
37 때 시	38 오를/오른(쪽) 우	39 사이 간	40 고을 읍
41 수레 기│수레 차	42 내 천	43 바다 해	44 마당 장
45 여름 하	46 저녁 석	47 장인 공	48 살 주
49 저자 시	50 강 강	51 안 내	52 왼 좌
53 골 동│밝을 통	54 낮 오	55 ③	56 ④
57 ⑩	58 ⑦	59 ①	60 ⑧
61 ②	62 ⑨	63 ⑥	64 ⑤
65 ②	66 ①	67 ④	68 ③
69 ⑥	70 ②		

【제105회】 기출문제(74~76p)

1 하오	2 삼중	3 전자	4 불편
5 춘추	6 산수	7 백성	8 칠석
9 노모	10 생색	11 교육	12 사전
13 출토	14 기력	15 휴학	16 백지
17 주인	18 정립	19 읍장	20 시장
21 외면	22 국화	23 가구	24 민촌
25 군가	26 내일	27 식목	28 산림
29 명중	30 수기	31 입주	32 유명
33 ② 天然	34 ④ 祖上	35 편안 안	36 살 활
37 적을 소	38 강 강	39 바다 해	40 대답 답
41 안 내	42 여름 하	43 효도 효	44 밥/먹을 식
45 장인 공	46 지아비 부	47 겨울 동	48 글월 문
49 말씀 화	50 길 도	51 왼 좌	52 모 방
53 일천 천	54 평평할 평	55 ① 登	56 ⑤ 所
57 ⑦ 草	58 ⑥ 里	59 ② 同	60 ⑩ 川
61 ⑨ 每	62 ④ 記	63 ③ 足	64 ⑧ 全
65 ① 物	66 ④ 後	67 ② 動地	68 ④ 空洞
69 ②	70 ⑤		

한자능력검정시험

7급 배정한자

(100자 쓰기)

→ 배정한자 100자를 반복하여 쓰면서 자연스럽게 익힐 수 있도록 하였습니다.

한자음 뒤에 나오는 " : "는 장음 표시입니다. "(:)"는 장단음 모두 사용되는 한자이며, " : "나 "(:)"이 없는 한자는 단음으로만 쓰입니다.

7급 Ⅱ
丶 丶 氵 氵 汁 汁 沽 渾 渾 渾 渾 漢 漢 漢

漢

한수/한나라 **한** :

부수 : 水(물 수)
획수 : 총 14획

漢	漢	漢	漢	漢	漢	漢	漢

7급
丶 宀 宀 宁 字 字

字

글자 **자**

부수 : 子(아들 자)
획수 : 총 6획

字	字	字	字	字	字	字	字

7급
丿 亻 亻 亻 佰 佰 佰 便 便

便

편할 **편**(:)

부수 : 人(사람 인)
획수 : 총 9획

便	便	便	便	便	便	便

7급
丶 幺 幺 幺 糸 糸 糸 紅 紙 紙

紙

종이 **지**

부수 : 糸(실 사)
획수 : 총 10획

紙	紙	紙	紙	紙	紙	紙	紙

● 배정한자를 활용해 단어를 써보세요.

漢　字	漢　字		
한수/한나라 **한** :　　글자 **자**	한수/한나라 **한** :　　글자 **자**		
便　紙	便　紙		
편할 **편**(:)　　종이 **지**	편할 **편**(:)　　종이 **지**		

7급

語

말씀 어:

부수 : 言(말씀 언)
획수 : 총 14획

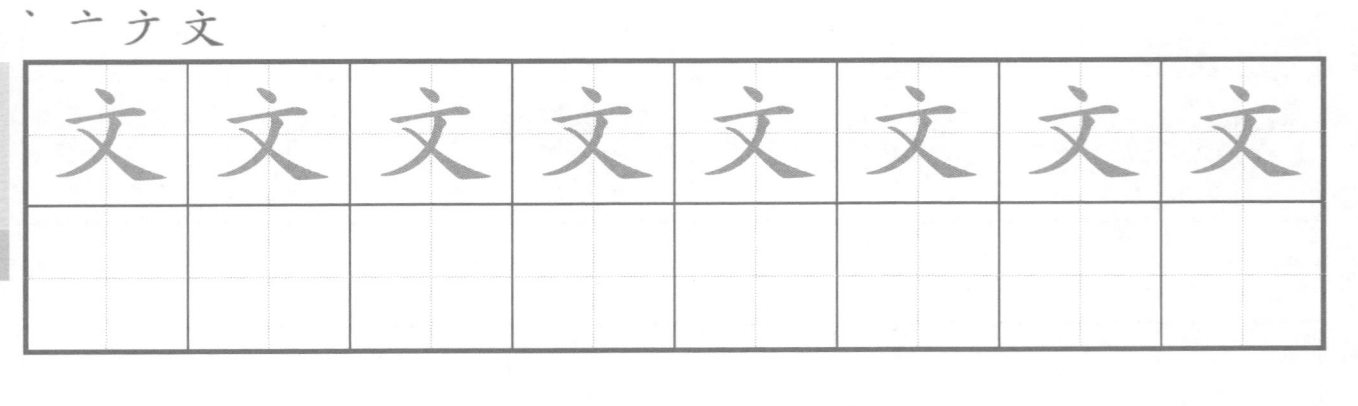

7급

文

글월 문

부수 : 文(글월 문)
획수 : 총 4획

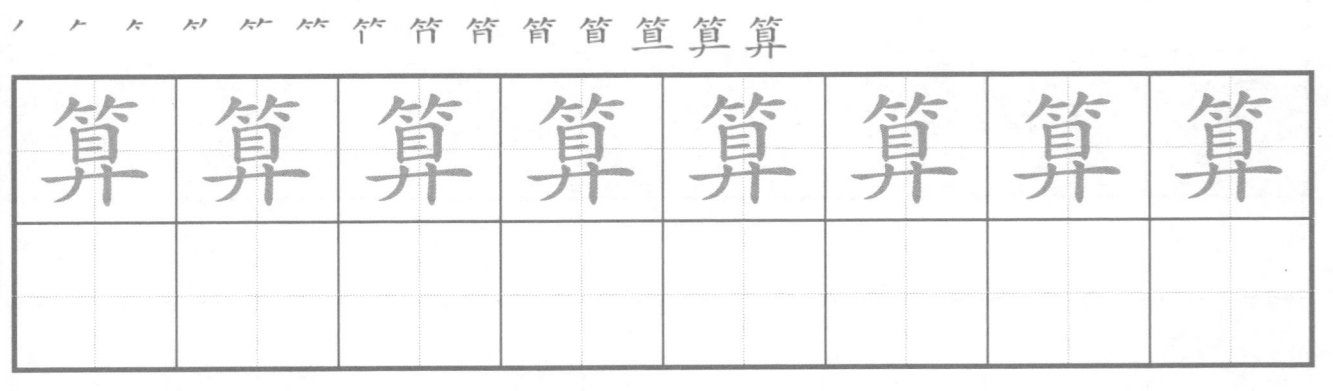

7급

算

셈 산:

부수 : 竹(대(나무)죽)
획수 : 총 14획

7급

數

셈 수:

부수 : 攵(등글월 문)
획수 : 총 15획

● 배정한자를 활용해 단어를 써보세요.

語	文	語	文		
말씀 어:	글월 문	말씀 어:	글월 문		
算	數	算	數		
셈 산:	셈 수:	셈 산:	셈 수:		

7급Ⅱ

丨 冂 日 日 日 日 時 時 時 時

時	時	時	時	時	時	時	時

時

때 시

부수 : 日(날 일)
획수 : 총 10획

7급Ⅱ

丨 冂 冂 冃 冃 門 門 門 門 間 間 間

間	間	間	間	間	間	間	間

間

사이 간(:)

부수 : 門(문 문)
획수 : 총 12획

7급Ⅱ

丶 丷 丷 产 产 荮 前 前 前

前	前	前	前	前	前	前	前

前

앞 전

부수 : 刀(칼 도)
획수 : 총 9획

7급Ⅱ

丿 夕 彳 彳 彳 袗 後 後 後

後	後	後	後	後	後	後	後

後

뒤 후:

부수 : 彳(두인 변)
획수 : 총 9획

● 배정한자를 활용해 단어를 써보세요.

時	間	時	間			
때 시	사이 간(:)	때 시	사이 간(:)			
前	後	前	後			
앞 전	뒤 후:	앞 전	뒤 후:			

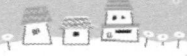

7급 Ⅱ	ー ナ ナ 左 左
左	左 左 左 左 左 左 左 左
왼 좌:	
부수 : 工(장인 공) 획수 : 총 5획	

7급 Ⅱ	ノ ナ 才 右 右
右	右 右 右 右 右 右 右 右
오를/오른(쪽) 우:	
부수 : 口(입 구) 획수 : 총 5획	

7급 Ⅱ	ー ァ ㇶ 旦 平
平	平 平 平 平 平 平 平 平
평평할 평	
부수 : 干(방패 간) 획수 : 총 5획	

7급	ー ナ 土 圠 圠 地
地	地 地 地 地 地 地 地 地
따 지	
부수 : 土(흙 토) 획수 : 총 6획	

● 배정한자를 활용해 단어를 써보세요.

左	右	左	右				
왼 좌:	오를/오른(쪽) 우:	왼 좌:	오를/오른(쪽) 우:				
平	地	平	地				
평평할 평	따 지	평평할 평	따 지				

7급 Ⅱ

安

편안 안

부수 : 宀(갓머리)
획수 : 총 6획

7급 Ⅱ

全

온전 전

부수 : 入(들 입)
획수 : 총 6획

7급

千

일천 천

부수 : 十(열 십)
획수 : 총 3획

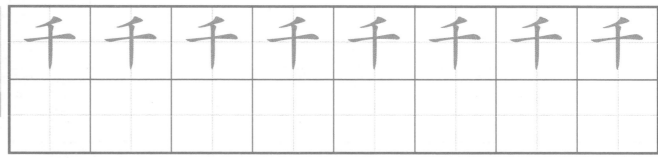

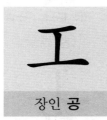

7급 Ⅱ

工

장인 공

부수 : 工(장인 공)
획수 : 총 3획

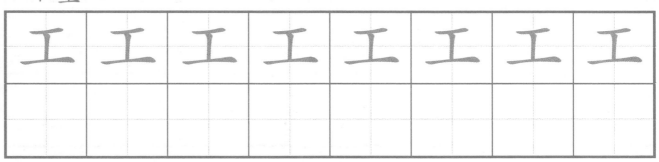

● 배정한자를 활용해 단어를 써보세요.

安	全	安	全				
편안 안	온전 전	편안 안	온전 전				
千	工	千	工				
일천 천	장인 공	일천 천	장인 공				

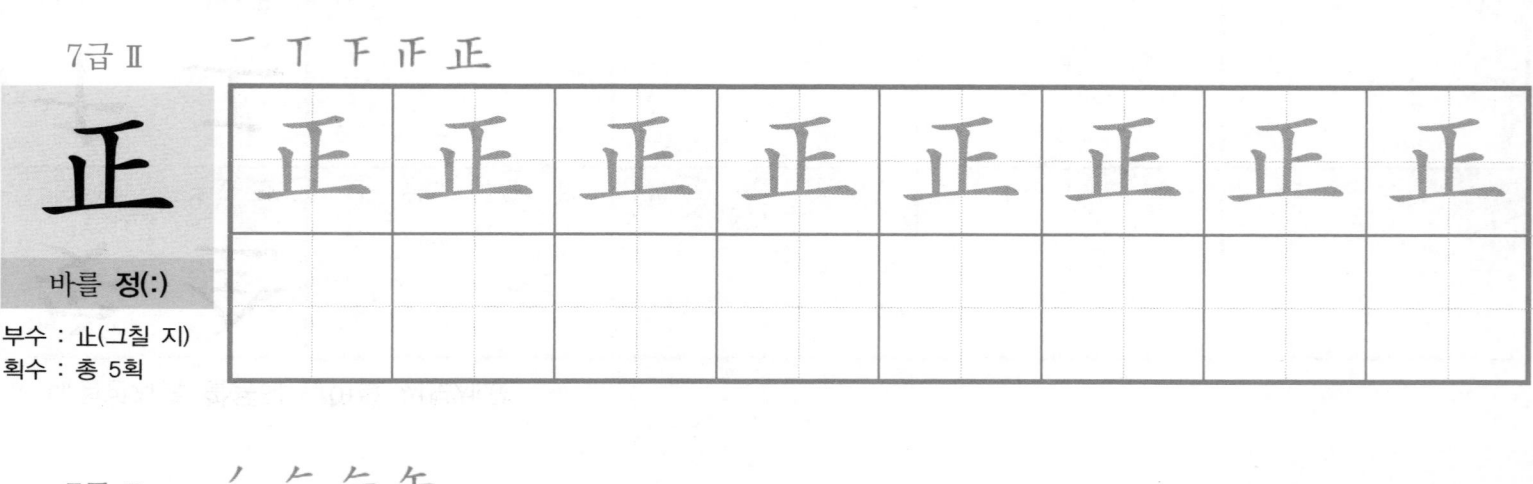

7급 Ⅱ

一　丁　下　正　正

正

바를 정(:)

부수 : 止(그칠 지)
획수 : 총 5획

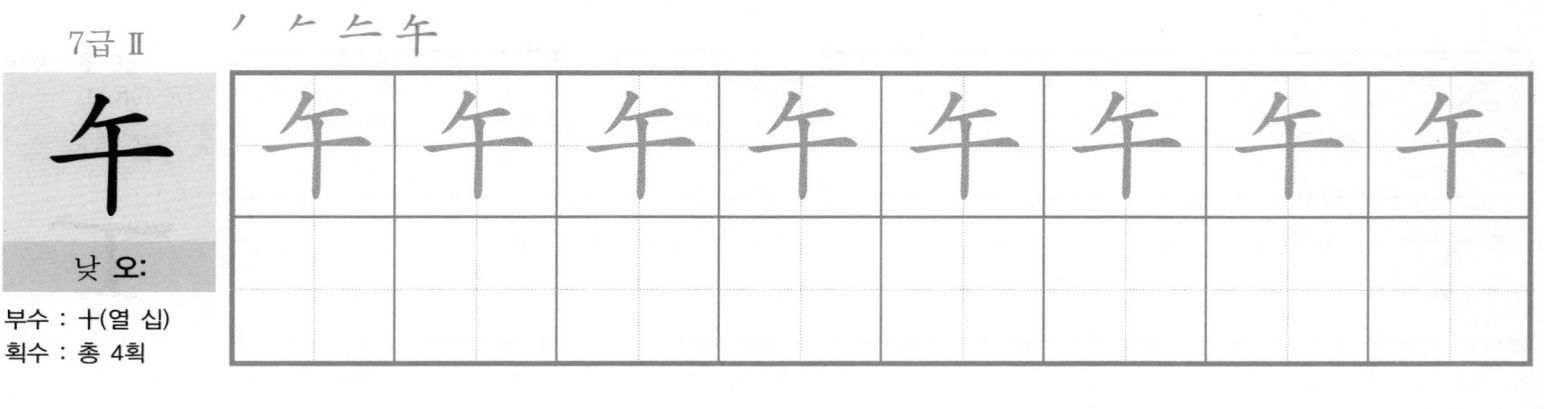

7급 Ⅱ

丿　仁　仁　午

午

낮 오:

부수 : 十(열 십)
획수 : 총 4획

7급 Ⅱ

丶　冫　氵　氵　汒　汗　汗　活　活

活

살 활

부수 : 水(물 수)
획수 : 총 9획

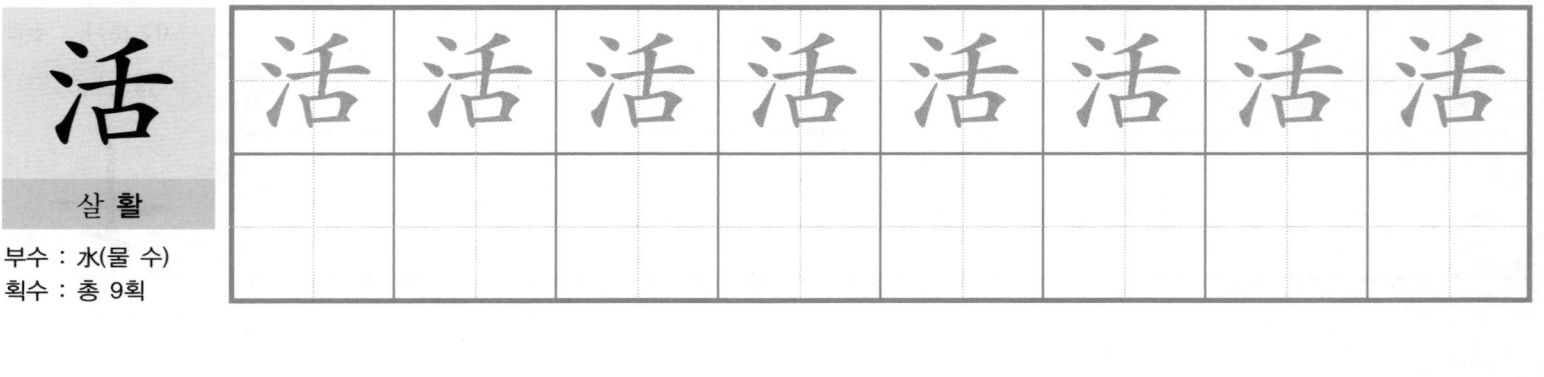

7급 Ⅱ

フ　力

力

힘 력

부수 : 力(힘 력)
획수 : 총 2획

● 배정한자를 활용해 단어를 써보세요.

正	午	正	午				
바를 정(:)	낮 오:	바를 정(:)	낮 오:				
活	力	活	力				
살 활	힘 력	살 활	힘 력				

7급

所

바 소:

부수 : 戶(지게 호)
획수 : 총 8획

ノ ヲ ラ 戸 戸 所 所 所

所	所	所	所	所	所	所	所

7급

有

있을 유:

부수 : 月(달 월)
획수 : 총 6획

ノ ナ ナ オ 有 有 有

有	有	有	有	有	有	有	有

7급 II

記

기록할 기

부수 : 言(말씀 언)
획수 : 총 10획

` ` ` 言 言 言 記 記 記

記	記	記	記	記	記	記	記

7급 II

事

일 사:

부수 : 亅(갈고리 궐)
획수 : 총 8획

一 ㄱ ㅋ ㅋ 豸 豸 軎 事

事	事	事	事	事	事	事	事

● 배정한자를 활용해 단어를 써보세요.

所	有	所	有						
바 소:	있을 유:	바 소:	있을 유:						
記	事	記	事						
기록할 기	일 사:	기록할 기	일 사:						

7급 Ⅱ

車

一 厂 百 百 百 亘 車

車	車	車	車	車	車	車	車

수레 거(차)

부수 : 車(수레 거)
획수 : 총 7획

7급

登

𡯠 𡯠 𡯠 𡯠 𡯠 𡯠 𡯠 登 登 登 登 登

登	登	登	登	登	登	登	登

오를 등

부수 : 𣥂(필 발)
획수 : 총 12획

7급 Ⅱ

下

一 丁 下

下	下	下	下	下	下	下	下

아래 하:

부수 : 一(한 일)
획수 : 총 3획

7급 Ⅱ

不

一 丆 丌 不

不	不	不	不	不	不	不	不

아닐 불

부수 : 一(한 일)
획수 : 총 4획

● 배정한자를 활용해 단어를 써보세요.

車	登	車	登						
수레 거(차)	오를 등	수레 거(차)	오를 등						
下	不	下	不						
아래 하:	아닐 불	아래 하:	아닐 불						

7급 ` ˊ ˊ 方 方 扩 扩 扩 扩 扩 旌 旗 旗

旗

기 기

부수 : 方(모 방)
획수 : 총 14획

旗	旗	旗	旗	旗	旗	旗	旗

7급 一 ㄱ ㅠ ㅠ 可 可 可 哥 哥 哥 歌 歌 歌

歌

노래 가

부수 : 欠(하품 흠)
획수 : 총 14획

歌	歌	歌	歌	歌	歌	歌	歌

7급 II 一 十 土 耂 耂 孝 孝

孝

효도 효:

부수 : 子(아들 자)
획수 : 총 7획

孝	孝	孝	孝	孝	孝	孝	孝

7급 II ㄱ 了 子

子

아들 자

부수 : 子(아들 자)
획수 : 총 3획

子	子	子	子	子	子	子	子

● 배정한자를 활용해 단어를 써보세요.

旗 歌	旗 歌			
기 기 노래 가	기 기 노래 가			
孝 子	孝 子			
효도 효: 아들 자	효도 효: 아들 자			

7급

祖

할아비 조

부수 : 示(보일 시)
획수 : 총 10획

` ｛ ｝ 衤 衤 衤 和 祖 祖 祖

祖	祖	祖	祖	祖	祖	祖	祖

7급 Ⅱ

上

윗 상:

부수 : 一(한 일)
획수 : 총 3획

丨 卜 上

上	上	上	上	上	上	上	上

7급 Ⅱ

家

집 가

부수 : 宀(갓머리)
획수 : 총 10획

`宀宀宀宁宇宇家家家

家	家	家	家	家	家	家	家

7급

主

임금/주인 주

부수 : 丶(점 주)
획수 : 총 5획

丶 ` 亠 主 主

主	主	主	主	主	主	主	主

● 배정한자를 활용해 단어를 써보세요.

祖	上	祖	上				
할아비 조	윗 상:	할아비 조	윗 상:				
家	主	家	主				
집 가	임금/주인 주	집 가	임금/주인주				

7급 II 　／　人　人　今　今　今　食　食　食

食	食	食	食	食	食	食	食

食
밥/먹을 식

부수 : 食(밥 식)
획수 : 총 9획

7급 　丨　冂　口

口	口	口	口	口	口	口	口

口
입 구(:)

부수 : 口(입 구)
획수 : 총 3획

7급 　丿　小　小　少

少	少	少	少	少	少	少	少

少
적을 소:

부수 : 小(작을 소)
획수 : 총 4획

7급 II 　丨　冂　日　田　田　男　男

男	男	男	男	男	男	男	男

男
사내 남

부수 : 田(밭 전)
획수 : 총 7획

● 배정한자를 활용해 단어를 써보세요.

食	口	食	口			
밥/먹을 식	입 구(:)	밥/먹을 식	입 구(:)			
少	男	少	男			
적을 소:	사내 남	적을 소:	사내 남			

7급

春

봄 춘

부수 : 日(날 일)
획수 : 총 9획

一 二 三 声 夫 夫 春 春 春

春	春	春	春	春	春	春	春

7급

夏

여름 하:

부수 : 夊(천천히 걸을 쇠)
획수 : 총 10획

一 一 一 戸 百 百 百 百 頁 夏 夏

夏	夏	夏	夏	夏	夏	夏	夏

7급

秋

가을 추

부수 : 禾(벼 화)
획수 : 총 9획

一 二 千 禾 禾 禾 利 秋 秋

秋	秋	秋	秋	秋	秋	秋	秋

7급

冬

겨울 동(:)

부수 : 冫(이수변)
획수 : 총 5획

丿 夂 久 冬 冬

冬	冬	冬	冬	冬	冬	冬	冬

● 배정한자를 활용해 단어를 써보세요.

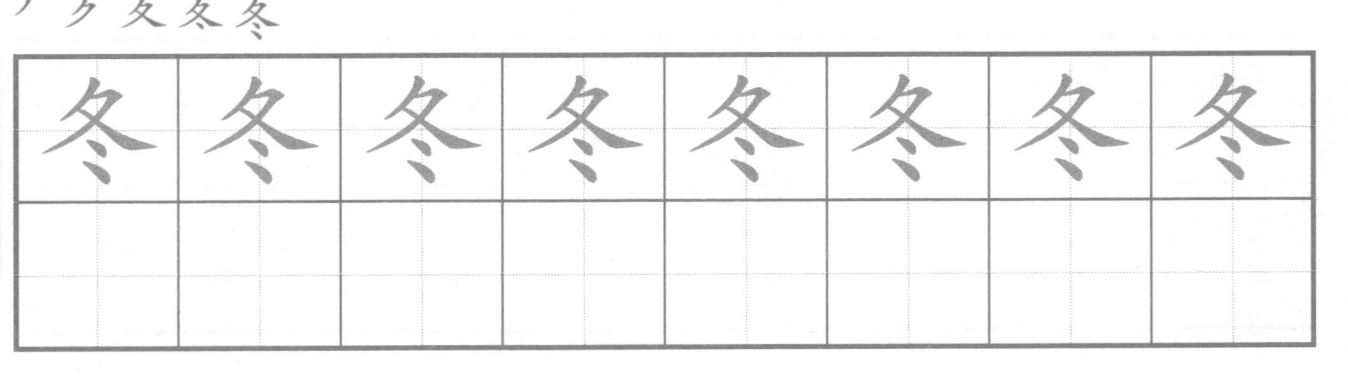

春	夏	春	夏		
봄 춘	여름 하:	봄 춘	여름 하:		
秋	冬	秋	冬		
가을 추	겨울 동(:)	가을 추	겨울 동(:)		

7급
一 亠 云 云 云 育 育 育
育 育 育 育 育 育 育 育

기를 육

부수 : 肉(고기 육)
획수 : 총 8획

7급
一 十 才 木 朴 村 材 林
林 林 林 林 林 林 林 林

수풀 림

부수 : 木(나무 목)
획수 : 총 8획

7급
丿 刂 川
川 川 川 川 川 川 川 川

내 천

부수 : 川(내 천)
획수 : 총 3획

7급Ⅱ
丶 亠 氵 汀 江 江
江 江 江 江 江 江 江 江

강 강

부수 : 水(물 수)
획수 : 총 6획

● 배정한자를 활용해 단어를 써보세요.

育	林	育	林		
기를 **육**	수풀 **림**	기를 육	수풀 림		
川	江	川	江		
내 **천**	강 **강**	내 천	강 강		

7급 Ⅱ

`ヽ ゙ ゙ ゙ ゙ ゙ ゙ ゙ ゙ ゙` 氵 氵 汇 海 海 海 海

海

바다 해:

부수 : 水(물 수)
획수 : 총 10획

海	海	海	海	海	海	海	海

7급

`ノ ク タ タ タ タ 外 妖 妖 妖 然 然 然`

然

그럴 연

부수 : 火(불 화)
획수 : 총 12획

然	然	然	然	然	然	然	然

7급 Ⅱ

`丶 口 曰 曲 曲 曲 曲 严 严 严 農 農 農`

農

농사 농

부수 : 辰(별 진)
획수 : 총 13획

農	農	農	農	農	農	農	農

7급

`一 二 一 夫`

夫

지아비 부

부수 : 大(큰 대)
획수 : 총 4획

夫	夫	夫	夫	夫	夫	夫	夫

● 배정한자를 활용해 단어를 써보세요.

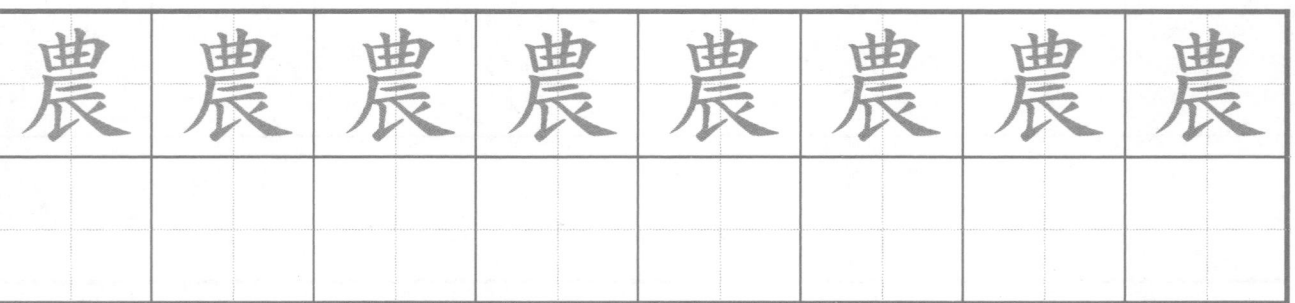

海	然	海	然		
바다 해:	그럴 연	바다 해:	그럴 연		
農	夫	農	夫		
농사 농	지아비 부	농사 농	지아비 부		

7급 一 十 才 木 木 村 村

村

마을 촌:

부수 : 木(나무 목)
획수 : 총 7획

村	村	村	村	村	村	村	村

7급 一 十 土 少 老 老

老

늙을 로:

부수 : 老(늙을 로)
획수 : 총 6획

老	老	老	老	老	老	老	老

7급 丶 亇 口 몸 呂 吕 邑

邑

고을 읍

부수 : 邑(고을 읍)
획수 : 총 7획

邑	邑	邑	邑	邑	邑	邑	邑

7급 一 丆 厂 兀 而 而 面 面 面

面

낯 면:

부수 : 面(낯 면)
획수 : 총 9획

面	面	面	面	面	面	面	面

● 배정한자를 활용해 단어를 써보세요.

村 마을 촌:	老 늙을 로:	村 마을 촌:	老 늙을 로:		
邑 고을 읍	面 낯 면:	邑 고을 읍	面 낯 면:		

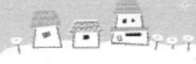

7급	`丶 丶 氵 沪 洞 洞 洞 洞 洞`							
洞 골 동:/밝을 통: 부수 : 水(물 수) 획수 : 총 9획	洞	洞	洞	洞	洞	洞	洞	洞

7급	`丨 冂 曰 日 旦 里 里`							
里 마을 리: 부수 : 里(마을 리) 획수 : 총 7획	里	里	里	里	里	里	里	里

7급 II	`丶 丷 丷 丷 产 产 首 首 首 道 道 道`							
道 길 도: 부수 : 辶(책받침) 획수 : 총 13획	道	道	道	道	道	道	道	

7급 II	`丨 冂 冃 内`							
內 안 내: 부수 : 入(들 입) 획수 : 총 4획	內	內	內	內	內	內	內	內

● 배정한자를 활용해 단어를 써보세요.

洞	里	洞	里				
골동:/밝을통:	마을 리:	골동:/밝을통:	마을 리:				
道	內	道	內				
길 도:	안 내:	길 도:	안 내:				

7급

花

꽃 화

부수 : 艸(초 두)
획수 : 총 8획

一 十 卝 艹 芀 芀 花 花

花	花	花	花	花	花	花	花

7급

草

풀 초

부수 : 艸(초 두)
획수 : 총 10획

一 十 卝 艹 芀 芀 苩 苩 甞 草

草	草	草	草	草	草	草	草

7급

天

하늘 천

부수 : 大(큰 대)
획수 : 총 4획

一 二 チ 天

天	天	天	天	天	天	天	天

7급

心

마음 심

부수 : 心(마음 심)
획수 : 총 4획

丶 心 心 心

心	心	心	心	心	心	心	心

● 배정한자를 활용해 단어를 써보세요.

花	草	花	草				
꽃 화	풀 초	꽃 화	풀 초				
天	心	天	心				
하늘 천	마음 심	하늘 천	마음 심				

7급

來

올 래(:)

부수 : 人(사람 인)
획수 : 총 8획

一 ㄱ ㄱ ㄲ ㄲ 来 来 来

来	来	来	来	来	来	来	来

7급 II

世

인간 세:

부수 : 一(한 일)
획수 : 총 5획

一 十 卅 卅 世

世	世	世	世	世	世	世	世

7급 II

物

물건 물

부수 : 刀(칼 도)
획수 : 총 8획

丿 ㄴ 牛 牛 牛 牜 物 物 物

物	物	物	物	物	物	物	物

7급

色

빛 색

부수 : 色(빛 색)
획수 : 총 6획

丿 ㅋ ㅋ 夕 免 色

色	色	色	色	色	色	色	色

● 배정한자를 활용해 단어를 써보세요.

來	世	來	世			
올 래(:)	인간 세:	올 래(:)	인간 세:			
物	色	物	色			
물건 물	빛 색	물건 물	빛 색			

7급

一 ﾅ 丆 百 百 百

百	百	百	百	百	百	百	百

일백 백

부수 : 白(흰 백)
획수 : 총 6획

7급 Ⅱ

丶 一 亅 方

方	方	方	方	方	方	方	方

모 방

부수 : 方(모 방)
획수 : 총 4획

7급 Ⅱ

丶 宀 宀 宀 穴 空 空 空

空	空	空	空	空	空	空	空

빌 공

부수 : 穴(구멍 혈)
획수 : 총 8획

7급

丿 亻 亻 仁 什 休 休

休	休	休	休	休	休	休	休

쉴 휴

부수 : 人(사람 인)
획수 : 총 6획

● 배정한자를 활용해 단어를 써보세요.

百	方	百	方			
일백 백	모 방	일백 백	모 방			
空	休	空	休			
빌 공	쉴 휴	빌 공	쉴 휴			

7급Ⅱ

每

매양 매(:)

부수 : 毋(말 무)
획수 : 총 7획

7급

重

무거울 중:

부수 : 里(마을 리)
획수 : 총 9획

7급Ⅱ

直

곧을 직

부수 : 目(눈 목)
획수 : 총 8획

7급Ⅱ

立

설 립

부수 : 立(설 립)
획수 : 총 5획

● 배정한자를 활용해 단어를 써보세요.

每	重	每	重			
매양 매(:)	무거울 중:	매양 매(:)	무거울 중:			
直	立	直	立			
곧을 직	설 립	곧을 직	설 립			

7급 夕

ノ ク 夕

夕 夕 夕 夕 夕 夕 夕 夕

저녁 석

부수 : 夕(저녁 석)
획수 : 총 3획

7급 住

ノ イ イ イ 化 住 住

住 住 住 住 住 住 住 住

살 주:

부수 : 人(사람 인)
획수 : 총 7획

7급 Ⅱ 話

丶 ㅗ ㅛ 言 言 言 訂 訂 話 話

話 話 話 話 話 話 話 話

말씀 화

부수 : 言(말씀 언)
획수 : 총 13획

7급 植

一 十 才 木 札 杧 柿 柿 植 植 植 植

植 植 植 植 植 植 植 植

심을 식

부수 : 木(나무 목)
획수 : 총 12획

● 배정한자를 활용해 단어를 써보세요.

夕	住	夕	住				
저녁 석	살 주:	저녁 석	살 주:				
話	植	話	植				
말씀 화	심을 식	말씀 화	심을 식				

7급

출	出	出	出	出	出	出	出	出

出

날 출

부수 : 凵(위터진입구)
획수 : 총 5획

7급

入	入	入	入	入	入	入	入	入

入

들 입

부수 : 入(들 입)
획수 : 총 2획

7급 Ⅱ

市

市 市 市 市 市 市 市 市

저자 시:

부수 : 巾(수건 건)
획수 : 총 5획

7급 Ⅱ

場

場 場 場 場 場 場 場 場

마당 장

부수 : 土(흙 토)
획수 : 총 12획

● 배정한자를 활용해 단어를 써보세요.

出	入	出	入				
날 출	들 입	날 출	들 입				
市	場	市	場				
저자 시:	마당 장	저자 시:	마당 장				

7급

問 물을 문:

부수 : 口(입 구)
획수 : 총 11획

`丨 冂 冂 冂 冃 門 門 門 問 問 問`

問	問	問	問	問	問	問	問

7급 II

答 대답 답

부수 : 竹(대(나무) 죽)
획수 : 총 12획

`丿 𥫗 𥫗 竹 竺 竺 竺 竺 竺 竺 答 答`

答	答	答	答	答	答	答	答

7급 II

姓 성 성:

부수 : 女(계집 녀)
획수 : 총 8획

`乚 夊 女 女 女 姓 姓 姓`

姓	姓	姓	姓	姓	姓	姓	姓

7급

命 목숨 명:

부수 : 口(입 구)
획수 : 총 8획

`丿 人 𠆢 𠆢 合 合 命 命`

命	命	命	命	命	命	命	命

● 배정한자를 활용해 단어를 써보세요.

問	答	問	答		
물을 문:	대답 답:	물을 문:	대답 답:		
姓	命	姓	命		
성 성:	목숨 명:	성 성:	목숨 명:		

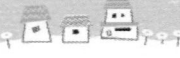

배정한자(配定漢字) 쓰기

7급

丨 冂 门 同 同 同

同	同	同	同	同	同	同	同	同
한 가지 **동**								

부수 : 口(입 구)
획수 : 총 6획

7급 Ⅱ

丿 ク 夕 夕 名 名

名	名	名	名	名	名	名	名	名
이름 **명**								

부수 : 口(입 구)
획수 : 총 6획

7급 Ⅱ

一 二 三 手

手	手	手	手	手	手	手	手	手
손 **수(:)**								

부수 : 手(손 수)
획수 : 총 4획

7급 Ⅱ

丨 口 口 早 早 足 足

足	足	足	足	足	足	足	足	足
발 **족**								

부수 : 足(발 족)
획수 : 총 7획

● 배정한자를 활용해 단어를 써보세요.

同	名	同	名						
한 가지 **동**	이름 **명**	한 가지 동	이름 명						
手	足	手	足						
손 **수(:)**	발 **족**	손 수(:)	발 족						

7급 Ⅱ

一 厂 厂 雨 雨 雨 雨 雪 雪 雪 雪 電

電 電 電 電 電 電 電 電

번개 **전:**

부수 : 雨(비 우)
획수 : 총 13획

7급 Ⅱ

ノ 广 气 气 气 气 氣 氣 氣

氣 氣 氣 氣 氣 氣 氣 氣

기운 **기**

부수 : 气(기운 기)
획수 : 총 10획

7급 Ⅱ

ノ イ ㇆ 自 自 自

自 自 自 自 自 自 自 自

스스로 **자**

부수 : 自(스스로 자)
획수 : 총 6획

7급 Ⅱ

ノ 二 千 千 台 台 台 重 重 動 動

動 動 動 動 動 動 動 動

움직일 **동:**

부수 : 力(힘 력)
획수 : 총 11획

● 배정한자를 활용해 단어를 써보세요.

電 氣	電 氣			
번개 **전:** / 기운 **기**	번개 **전:** / 기운 기			
自 動	自 動			
스스로 **자** / 움직일 **동:**	스스로 **자** / 움직일 **동:**			

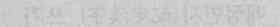

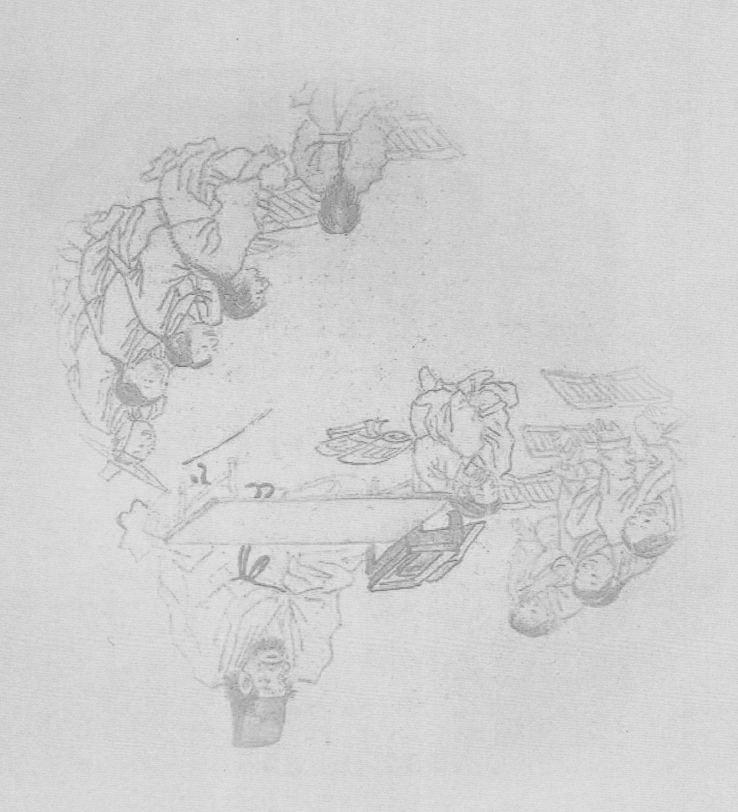

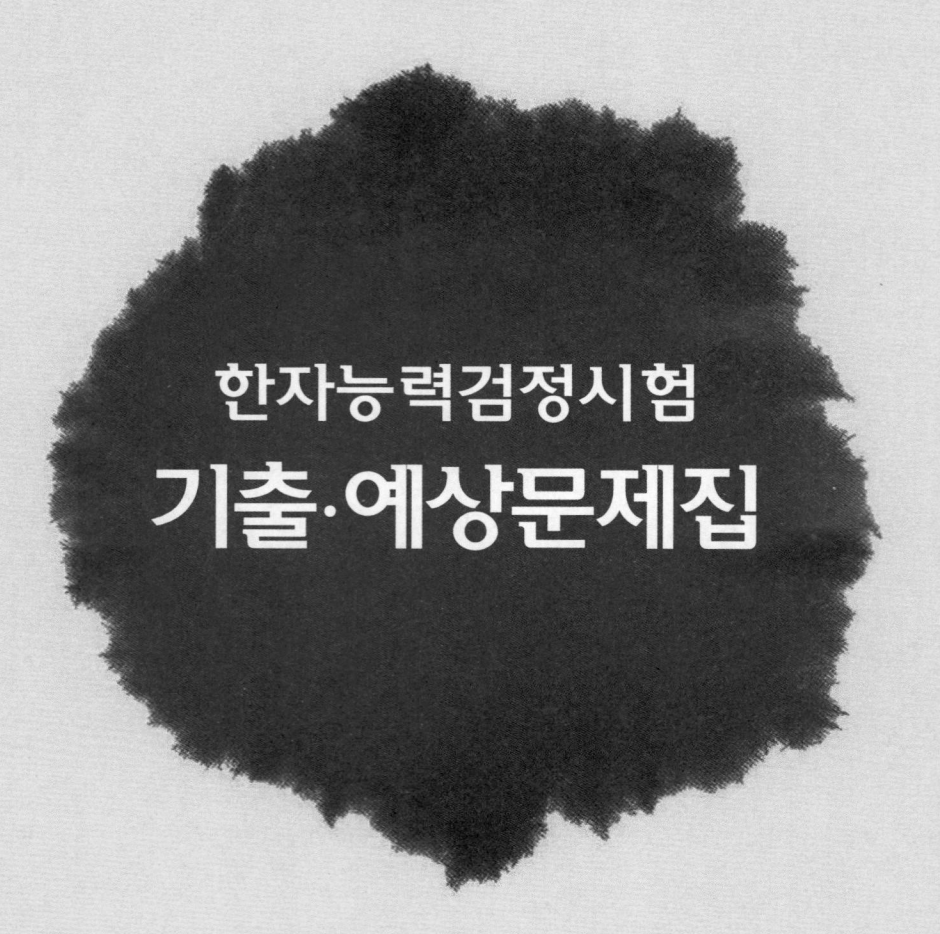

한자능력검정시험
기출·예상문제집

한자능력검정시험
기출·예상문제집 7급

발 행 일 ㅣ 2025년 4월 10일
발 행 인 ㅣ 한국어문한자연구회
발 행 처 ㅣ 한국어문교육연구회
주　　소 ㅣ 경기도 남양주시 다산순환로 20 B동
　　　　　 3층 34호(다산현대 프리미엄캠퍼스몰)
전　　화 ㅣ 02)332-1275, 031)556-1276
팩　　스 ㅣ 02)332-1274
등록번호 ㅣ 제313-2009-192호
ISBN ㅣ 979-11-91238-73-0 13700

정가 15,000원

공급처　푸른하늘　T. 02-332-1275, 1276 ㅣ F. 02-332-1274
　　　　　　　　　　　　www.skymiru.co.kr